は　し　が　き

　平成29年3月に告示された小学校学習指導要領が，令和2年度から全面実施されます。

　今回の学習指導要領では，各教科等の目標及び内容が，育成を目指す資質・能力の三つの柱（「知識及び技能」，「思考力，判断力，表現力等」，「学びに向かう力，人間性等」）に沿って再整理され，各教科等でどのような資質・能力の育成を目指すのかが明確化されました。これにより，教師が「子供たちにどのような力が身に付いたか」という学習の成果を的確に捉え，主体的・対話的で深い学びの視点からの授業改善を図る，いわゆる「指導と評価の一体化」が実現されやすくなることが期待されます。

　また，子供たちや学校，地域の実態を適切に把握した上で教育課程を編成し，学校全体で教育活動の質の向上を図る「カリキュラム・マネジメント」についても明文化されました。カリキュラム・マネジメントの一側面として，「教育課程の実施状況を評価してその改善を図っていくこと」がありますが，このためには，教育課程を編成・実施し，学習評価を行い，学習評価を基に教育課程の改善・充実を図るというPDCAサイクルを確立することが重要です。このことも，まさに「指導と評価の一体化」のための取組と言えます。

　このように，「指導と評価の一体化」の必要性は，今回の学習指導要領において，より一層明確なものとなりました。そこで，国立教育政策研究所教育課程研究センターでは，「幼稚園，小学校，中学校，高等学校及び特別支援学校の学習指導要領等の改善及び必要な方策等について（答申）」（平成28年12月21日中央教育審議会）をはじめ，「児童生徒の学習評価の在り方について（報告）」（平成31年1月21日中央教育審議会初等中等教育分科会教育課程部会）や「小学校，中学校，高等学校及び特別支援学校等における児童生徒の学習評価及び指導要録の改善等について」（平成31年3月29日付初等中等教育局長通知）を踏まえ，このたび「『指導と評価の一体化』のための学習評価に関する参考資料」を作成しました。

　本資料では，学習評価の基本的な考え方や，各教科等における評価規準の作成及び評価の実施等について解説しているほか，各教科等別に単元や題材に基づく学習評価について事例を紹介しています。各学校においては，本資料や各教育委員会等が示す学習評価に関する資料などを参考としながら，学習評価を含むカリキュラム・マネジメントを円滑に進めていただくことで，「指導と評価の一体化」を実現し，子供たちに未来の創り手となるために必要な資質・能力が育まれることを期待します。

　最後に，本資料の作成に御協力くださった方々に心から感謝の意を表します。

　令和2年3月

国立教育政策研究所

教育課程研究センター長

笹　井　弘　之

目次

　※本冊子については，改訂後の常用漢字表（平成22年11月30日内閣告示）に基づいて表記してい
　　ます。（学習指導要領及び初等中等教育局長通知等の引用部分を除く）

第1編

総説

第 1 編　総説

本編においては，以下の資料について，それぞれ略称を用いることとする。

答申：「幼稚園，小学校，中学校，高等学校及び特別支援学校の学習指導要領等の改善
　　　及び必要な方策等について（答申）」　平成 28 年 12 月 21 日　中央教育審議会
報告：「児童生徒の学習評価の在り方について（報告）」　平成 31 年 1 月 21 日　中央教
　　　育審議会　初等中等教育分科会　教育課程部会
改善等通知：「小学校，中学校，高等学校及び特別支援学校等における児童生徒の学習
　　　評価及び指導要録の改善等について（通知）」　平成 31 年 3 月 29 日　初等中等
　　　教育局長通知

第 1 章　平成 29 年改訂を踏まえた学習評価の改善

1　はじめに

　　学習評価は，学校における教育活動に関し，児童生徒の学習状況を評価するものである。
答申にもあるとおり，児童生徒の学習状況を的確に捉え，教師が指導の改善を図るととも
に，児童生徒が自らの学びを振り返って次の学びに向かうことができるようにするため
には，学習評価の在り方が極めて重要である。

　　各教科等の評価については，学習状況を分析的に捉える「観点別学習状況の評価」と「評
定」が学習指導要領に定める目標に準拠した評価として実施するものとされている[1]。観
点別学習状況の評価とは，学校における児童生徒の学習状況を，複数の観点から，それぞ
れの観点ごとに分析する評価のことである。児童生徒が各教科等での学習において，どの
観点で望ましい学習状況が認められ，どの観点に課題が認められるかを明らかにするこ
とにより，具体的な学習や指導の改善に生かすことを可能とするものである。各学校にお
いて目標に準拠した観点別学習状況の評価を行うに当たっては，観点ごとに評価規準を
定める必要がある。評価規準とは，観点別学習状況の評価を的確に行うため，学習指導要
領に示す目標の実現の状況を判断するよりどころを表現したものである。本参考資料は，
観点別学習状況の評価を実施する際に必要となる評価規準等，学習評価を行うに当たっ
て参考となる情報をまとめたものである。

　　以下，文部省指導資料から，評価規準について解説した部分を参考として引用する。

---

[1] 各教科の評価については，観点別学習状況の評価と，これらを総括的に捉える「評定」
の両方について実施するものとされており，観点別学習状況の評価や評定には示しきれな
い児童生徒の一人一人のよい点や可能性，進歩の状況については，「個人内評価」として
実施するものとされている。（P.6 ～11 に後述）

（参考）評価規準の設定（抄）

（文部省「小学校教育課程一般指導資料」（平成5年9月）より）

　新しい指導要録（平成3年改訂）では，観点別学習状況の評価が効果的に行われるようにするために，「各観点ごとに学年ごとの評価規準を設定するなどの工夫を行うこと」と示されています。

　これまでの指導要録においても，観点別学習状況の評価を適切に行うため，「観点の趣旨を学年別に具体化することなどについて工夫を加えることが望ましいこと」とされており，教育委員会や学校では目標の達成の度合いを判断するための基準や尺度などの設定について研究が行われてきました。

　しかし，それらは，ともすれば知識・理解の評価が中心になりがちであり，また「目標を十分達成（＋）」，「目標をおおむね達成（空欄）」及び「達成が不十分（－）」ごとに詳細にわたって設定され，結果としてそれを単に数量的に処理することに陥りがちであったとの指摘がありました。

　今回の改訂においては，学習指導要領が目指す学力観に立った教育の実践に役立つようにすることを改訂方針の一つとして掲げ，各教科の目標に照らしてその実現の状況を評価する観点別学習状況を各教科の学習の評価の基本に据えることとしました。したがって，評価の観点についても，学習指導要領に示す目標との関連を密にして設けられています。

　このように，学習指導要領が目指す学力観に立つ教育と指導要録における評価とは一体のものであるとの考え方に立って，各教科の目標の実現の状況を「関心・意欲・態度」，「思考・判断・表現」，「技能・表現（または技能）」及び「知識・理解」の観点ごとに適切に評価するため，「評価規準を設定する」ことを明確に示しているものです。

　「評価規準」という用語については，先に述べたように，新しい学力観に立って子供たちが自ら獲得し身に付けた資質や能力の質的な面，すなわち，学習指導要領の目標に基づく幅のある資質や能力の育成の実現状況の評価を目指すという意味から用いたものです。

2　平成29年改訂を踏まえた学習評価の意義
（1）学習評価の充実

　平成29年改訂小・中学校学習指導要領総則においては，学習評価の充実について新たに項目が置かれた。具体的には，学習評価の目的等について以下のように示し，単元や題材など内容や時間のまとまりを見通しながら，児童生徒の主体的・対話的で深い学びの実現に向けた授業改善を行うと同時に，評価の場面や方法を工夫して，学習の過程や成果を評価することを示し，授業の改善と評価の改善を両輪として行っていくことの必要性を明示した。

・児童のよい点や進歩の状況などを積極的に評価し，学習したことの意義や価値を実感できるようにすること。また，各教科等の目標の実現に向けた学習状況を把握する観点から，単元や題材など内容や時間のまとまりを見通しながら評価の場面や方法を工夫して，学習の過程や成果を評価し，指導の改善や学習意欲の向上を図り，資質・能力の育成に生かすようにすること。

・創意工夫の中で学習評価の妥当性や信頼性が高められるよう，組織的かつ計画的な取組を推進するとともに，学年や学校段階を越えて児童の学習の成果が円滑に接続されるように工夫すること。

（小学校学習指導要領第1章総則　第3教育課程の実施と学習評価　2学習評価の充実）
（中学校学習指導要領にも同旨）

（2）カリキュラム・マネジメントの一環としての指導と評価

　　各学校における教育活動の多くは，学習指導要領等に従い児童生徒や地域の実態を踏まえて編成された教育課程の下，指導計画に基づく授業（学習指導）として展開される。各学校では，児童生徒の学習状況を評価し，その結果を児童生徒の学習や教師による指導の改善や学校全体としての教育課程の改善等に生かしており，学校全体として組織的かつ計画的に教育活動の質の向上を図っている。このように，「学習指導」と「学習評価」は学校の教育活動の根幹に当たり，教育課程に基づいて組織的かつ計画的に教育活動の質の向上を図る「カリキュラム・マネジメント」の中核的な役割を担っている。

（3）主体的・対話的で深い学びの視点からの授業改善と評価

　　指導と評価の一体化を図るためには，児童生徒一人一人の学習の成立を促すための評価という視点を一層重視し，教師が自らの指導のねらいに応じて授業での児童生徒の学びを振り返り，学習や指導の改善に生かしていくことが大切である。すなわち，平成29年改訂学習指導要領で重視している「主体的・対話的で深い学び」の視点からの授業改善を通して各教科等における資質・能力を確実に育成する上で，学習評価は重要な役割を担っている。

（4）学習評価の改善の基本的な方向性

　　（1）〜（3）で述べたとおり，学習指導要領改訂の趣旨を実現するためには，学習評価の在り方が極めて重要であり，すなわち，学習評価を真に意味のあるものとし，指導と評価の一体化を実現することがますます求められている。

　　このため，報告では，以下のように学習評価の改善の基本的な方向性が示された。

　　① 児童生徒の学習改善につながるものにしていくこと

　　② 教師の指導改善につながるものにしていくこと

　　③ これまで慣行として行われてきたことでも，必要性・妥当性が認められないものは見直していくこと

3　平成 29 年改訂を受けた評価の観点の整理

　平成 29 年改訂学習指導要領においては，知・徳・体にわたる「生きる力」を児童生徒に育むために「何のために学ぶのか」という各教科等を学ぶ意義を共有しながら，授業の創意工夫や教科書等の教材の改善を引き出していくことができるようにするため，全ての教科等の目標及び内容を「知識及び技能」，「思考力，判断力，表現力等」，「学びに向かう力，人間性等」の育成を目指す資質・能力の三つの柱で再整理した（図 1 参照）。知・徳・体のバランスのとれた「生きる力」を育むことを目指すに当たっては，各教科等の指導を通してどのような資質・能力の育成を目指すのかを明確にしながら教育活動の充実を図ること，その際には，児童生徒の発達の段階や特性を踏まえ，資質・能力の三つの柱の育成がバランスよく実現できるよう留意する必要がある。

図1

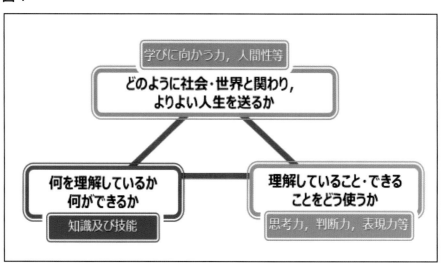

　観点別学習状況の評価については，こうした教育目標や内容の再整理を踏まえて，小・中・高等学校の各教科を通じて，4 観点から 3 観点に整理された。（図 2 参照）

図2

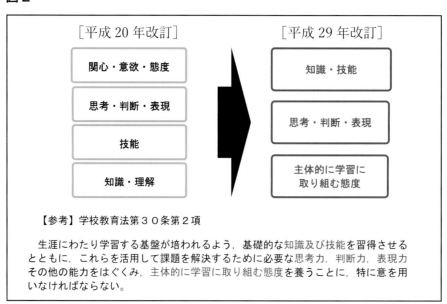

4　平成 29 年改訂学習指導要領における各教科の学習評価

　各教科の学習評価においては，平成 29 年改訂においても，学習状況を分析的に捉える「観点別学習状況の評価」と，これらを総括的に捉える「評定」の両方について，学習指導要領に定める目標に準拠した評価として実施するものとされた。改善等通知では，以下のように示されている。

【小学校児童指導要録】

　［各教科の学習の記録］

　I　観点別学習状況

　　学習指導要領に示す各教科の目標に照らして，その実現状況を観点ごとに評価し記入する。その際，

　　　「十分満足できる」状況と判断されるもの：A

　　　「おおむね満足できる」状況と判断されるもの：B

　　　「努力を要する」状況と判断されるもの：C

　　のように区別して評価を記入する。

　II　評定（第 3 学年以上）

　　各教科の評定は，学習指導要領に示す各教科の目標に照らして，その実現状況を，

　　　「十分満足できる」状況と判断されるもの：3

　　　「おおむね満足できる」状況と判断されるもの：2

　　　「努力を要する」状況と判断されるもの：1

　　のように区別して評価を記入する。

　　評定は各教科の学習の状況を総括的に評価するものであり，「観点別学習状況」において掲げられた観点は，分析的な評価を行うものとして，各教科の評定を行う場合において基本的な要素となるものであることに十分留意する。その際，評定の適切な決定方法等については，各学校において定める。

【中学校生徒指導要録】

（学習指導要領に示す必修教科の取扱いは次のとおり）

　［各教科の学習の記録］

　I　観点別学習状況（小学校児童指導要録と同じ）

　　学習指導要領に示す各教科の目標に照らして，その実現状況を観点ごとに評価し記入する。その際，

　　　「十分満足できる」状況と判断されるもの：A

　　　「おおむね満足できる」状況と判断されるもの：B

　　　「努力を要する」状況と判断されるもの：C

　　のように区別して評価を記入する。

　II　評定

　　各教科の評定は，学習指導要領に示す各教科の目標に照らして，その実現状況を，

「十分満足できるもののうち，特に程度が高い」状況と判断されるもの：５

「十分満足できる」状況と判断されるもの：４

「おおむね満足できる」状況と判断されるもの：３

「努力を要する」状況と判断されるもの：２

「一層努力を要する」状況と判断されるもの：１

のように区別して評価を記入する。

　評定は各教科の学習の状況を総括的に評価するものであり，「観点別学習状況」において掲げられた観点は，分析的な評価を行うものとして，各教科の評定を行う場合において基本的な要素となるものであることに十分留意する。その際，評定の適切な決定方法等については，各学校において定める。

　また，観点別学習状況の評価や評定には示しきれない児童生徒一人一人のよい点や可能性，進歩の状況については，「個人内評価」として実施するものとされている。改善等通知においては，「観点別学習状況の評価になじまず個人内評価の対象となるものについては，児童生徒が学習したことの意義や価値を実感できるよう，日々の教育活動等の中で児童生徒に伝えることが重要であること。特に『学びに向かう力，人間性等』のうち『感性や思いやり』など児童生徒一人一人のよい点や可能性，進歩の状況などを積極的に評価し児童生徒に伝えることが重要であること。」と示されている。

　「３　平成29年改訂を受けた評価の観点の整理」も踏まえて各教科における評価の基本構造を図示化すると，以下のようになる。（図３参照）

図３

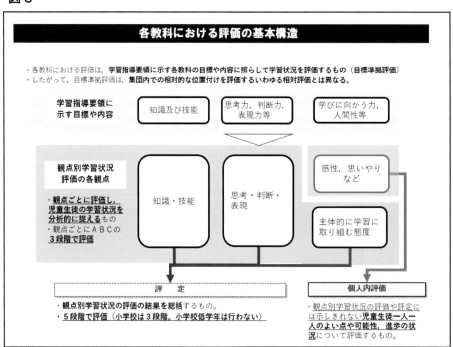

　上記の，「各教科における評価の基本構造」を踏まえた３観点の評価それぞれについて

の考え方は，以下の（1）～（3）のとおりとなる。なお，この考え方は，外国語活動（小学校），総合的な学習の時間，特別活動においても同様に考えることができる。

（1）「知識・技能」の評価について

「知識・技能」の評価は，各教科等における学習の過程を通した知識及び技能の習得状況について評価を行うとともに，それらを既有の知識及び技能と関連付けたり活用したりする中で，他の学習や生活の場面でも活用できる程度に概念等を理解したり，技能を習得したりしているかについても評価するものである。

「知識・技能」におけるこのような考え方は，従前の「知識・理解」（各教科等において習得すべき知識や重要な概念等を理解しているかを評価），「技能」（各教科等において習得すべき技能を身に付けているかを評価）においても重視してきたものである。

具体的な評価の方法としては，ペーパーテストにおいて，事実的な知識の習得を問う問題と，知識の概念的な理解を問う問題とのバランスに配慮するなどの工夫改善を図るとともに，例えば，児童生徒が文章による説明をしたり，各教科等の内容の特質に応じて，観察・実験したり，式やグラフで表現したりするなど，実際に知識や技能を用いる場面を設けるなど，多様な方法を適切に取り入れていくことが考えられる。

（2）「思考・判断・表現」の評価について

「思考・判断・表現」の評価は，各教科等の知識及び技能を活用して課題を解決する等のために必要な思考力，判断力，表現力等を身に付けているかを評価するものである。

「思考・判断・表現」におけるこのような考え方は，従前の「思考・判断・表現」の観点においても重視してきたものである。「思考・判断・表現」を評価するためには，教師は「主体的・対話的で深い学び」の視点からの授業改善を通じ，児童生徒が思考・判断・表現する場面を効果的に設計した上で，指導・評価することが求められる。

具体的な評価の方法としては，ペーパーテストのみならず，論述やレポートの作成，発表，グループでの話合い，作品の制作や表現等の多様な活動を取り入れたり，それらを集めたポートフォリオを活用したりするなど評価方法を工夫することが考えられる。

（3）「主体的に学習に取り組む態度」の評価について

答申において「学びに向かう力，人間性等」には，①「主体的に学習に取り組む態度」として観点別学習状況の評価を通じて見取ることができる部分と，②観点別学習状況の評価や評定にはなじまず，こうした評価では示しきれないことから個人内評価を通じて見取る部分があることに留意する必要があるとされている。すなわち，②については観点別学習状況の評価の対象外とする必要がある。

「主体的に学習に取り組む態度」の評価に際しては，単に継続的な行動や積極的な発言を行うなど，性格や行動面の傾向を評価するということではなく，各教科等の「主体的に学習に取り組む態度」に係る観点の趣旨に照らして，知識及び技能を習得したり，

思考力，判断力，表現力等を身に付けたりするために，自らの学習状況を把握し，学習の進め方について試行錯誤するなど自らの学習を調整しながら，学ぼうとしているかどうかという意思的な側面を評価することが重要である。

従前の「関心・意欲・態度」の観点も，各教科等の学習内容に関心をもつことのみならず，よりよく学ぼうとする意欲をもって学習に取り組む態度を評価するという考え方に基づいたものであり，この点を「主体的に学習に取り組む態度」として改めて強調するものである。

本観点に基づく評価は，「主体的に学習に取り組む態度」に係る各教科等の評価の観点の趣旨に照らして，

① 知識及び技能を獲得したり，思考力，判断力，表現力等を身に付けたりすることに向けた粘り強い取組を行おうとしている側面

② ①の粘り強い取組を行う中で，自らの学習を調整しようとする側面

という二つの側面を評価することが求められる[2]。（図4参照）

ここでの評価は，児童生徒の学習の調整が「適切に行われているか」を必ずしも判断するものではなく，学習の調整が知識及び技能の習得などに結び付いていない場合には，教師が学習の進め方を適切に指導することが求められる。

具体的な評価の方法としては，ノートやレポート等における記述，授業中の発言，教師による行動観察や児童生徒による自己評価や相互評価等の状況を，教師が評価を行う際に考慮する材料の一つとして用いることなどが考えられる。

図4

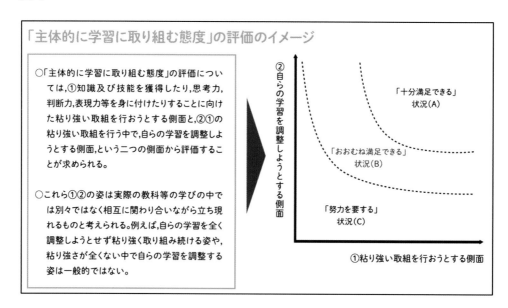

---

[2] これら①②の姿は実際の教科等の学びの中では別々ではなく相互に関わり合いながら立ち現れるものと考えられることから，実際の評価の場面においては，双方の側面を一体的に見取ることも想定される。例えば，自らの学習を全く調整しようとせず粘り強く取り組み続ける姿や，粘り強さが全くない中で自らの学習を調整する姿は一般的ではない。

　なお，学習指導要領の「2　内容」に記載のない「主体的に学習に取り組む態度」の評価については，後述する第2章1（2）を参照のこと[3]。

5　改善等通知における特別の教科　道徳，外国語活動（小学校），総合的な学習の時間，特別活動の指導要録の記録

　改善等通知においては，各教科の学習の記録とともに，以下の（1）～（4）の各教科等の指導要録における学習の記録について以下のように示されている。

（1）特別の教科　道徳について

　小学校等については，改善等通知別紙1に，「道徳の評価については，28文科初第604号「学習指導要領の一部改正に伴う小学校，中学校及び特別支援学校小学部・中学部における児童生徒の学習評価及び指導要録の改善等について（通知）」に基づき，学習活動における児童の学習状況や道徳性に係る成長の様子を個人内評価として文章で端的に記述する」こととされている（中学校等についても別紙2に同旨）。

（2）外国語活動について（小学校）

　改善等通知には，「外国語活動の記録については，評価の観点を記入した上で，それらの観点に照らして，児童の学習状況に顕著な事項がある場合にその特徴を記入する等，児童にどのような力が身に付いたかを文章で端的に記述すること」とされている。また，「評価の観点については，設置者は，小学校学習指導要領等に示す外国語活動の目標を踏まえ，改善等通知別紙4を参考に設定する」こととされている。

（3）総合的な学習の時間について

　小学校等については，改善等通知別紙1に，「総合的な学習の時間の記録については，この時間に行った学習活動及び各学校が自ら定めた評価の観点を記入した上で，それらの観点のうち，児童の学習状況に顕著な事項がある場合などにその特徴を記入する等，児童にどのような力が身に付いたかを文章で端的に記述すること」とされている。また，「評価の観点については，各学校において具体的に定めた目標，内容に基づいて別紙4を参考に定めること」とされている（中学校等についても別紙2に同旨）。

---

[3] 各教科等によって，評価の対象に特性があることに留意する必要がある。例えば，体育・保健体育科の運動に関する領域においては，公正や協力などを，育成する「態度」として学習指導要領に位置付けており，各教科等の目標や内容に対応した学習評価が行われることとされている。

（4）特別活動について

　小学校等については，改善等通知別紙1に，「特別活動の記録については，各学校が自ら定めた特別活動全体に係る評価の観点を記入した上で，各活動・学校行事ごとに，評価の観点に照らして十分満足できる活動の状況にあると判断される場合に，○印を記入する」とされている。また，「評価の観点については，学習指導要領等に示す特別活動の目標を踏まえ，各学校において改善等通知別紙4を参考に定める。その際，特別活動の特質や学校として重点化した内容を踏まえ，例えば『主体的に生活や人間関係をよりよくしようとする態度』などのように，より具体的に定めることも考えられる。記入に当たっては，特別活動の学習が学校や学級における集団活動や生活を対象に行われるという特質に留意する」とされている（中学校等についても別紙2に同旨）。

　なお，特別活動は学級担任以外の教師が指導する活動が多いことから，評価体制を確立し，共通理解を図って，児童生徒のよさや可能性を多面的・総合的に評価するとともに，確実に資質・能力が育成されるよう指導の改善に生かすことが求められる。

6　障害のある児童生徒の学習評価について

　学習評価に関する基本的な考え方は，障害のある児童生徒の学習評価についても変わるものではない。

　障害のある児童生徒については，特別支援学校等の助言又は援助を活用しつつ，個々の児童生徒の障害の状態や特性及び心身の発達の段階に応じた指導内容や指導方法の工夫を行い，その評価を適切に行うことが必要である。また，指導内容や指導方法の工夫については，学習指導要領の各教科の「指導計画の作成と内容の取扱い」の「指導計画作成上の配慮事項」の「障害のある児童生徒への配慮についての事項」についての学習指導要領解説も参考となる。

7　評価の方針等の児童生徒や保護者への共有について

　学習評価の妥当性や信頼性を高めるとともに，児童生徒自身に学習の見通しをもたせるために，学習評価の方針を事前に児童生徒と共有する場面を必要に応じて設けることが求められており，児童生徒に評価の結果をフィードバックする際にも，どのような方針によって評価したのかを改めて児童生徒に共有することも重要である。

　また，新学習指導要領下での学習評価の在り方や基本方針等について，様々な機会を捉えて保護者と共通理解を図ることが非常に重要である。

第2章　学習評価の基本的な流れ

1　各教科における評価規準の作成及び評価の実施等について

（1）目標と観点の趣旨との対応関係について

　　　評価規準の作成に当たっては，各学校の実態に応じて目標に準拠した評価を行うために，「評価の観点及びその趣旨[4]」が各教科等の目標を踏まえて作成されていること，また同様に，「学年別（又は分野別）の評価の観点の趣旨[5]」が学年（又は分野）の目標を踏まえて作成されていることを確認することが必要である。

　　　なお，「主体的に学習に取り組む態度」の観点は，教科等及び学年（又は分野）の目標の（3）に対応するものであるが，観点別学習状況の評価を通じて見取ることができる部分をその内容として整理し，示していることを確認することが必要である。（図5，6参照）

　図5

【学習指導要領「教科の目標」】

学習指導要領　各教科等の「第1　目標」

(1)	(2)	(3)
（知識及び技能に関する目標）	（思考力，判断力，表現力等に関する目標）	（学びに向かう力，人間性等に関する目標）[6]

【改善等通知「評価の観点及びその趣旨」】

改善等通知　別紙4　評価の観点及びその趣旨

観点	知識・技能	思考・判断・表現	主体的に学習に取り組む態度
趣旨	（知識・技能の観点の趣旨）	（思考・判断・表現の観点の趣旨）	（主体的に学習に取り組む態度の観点の趣旨）

---

[4] 各教科等の学習指導要領の目標の規定を踏まえ，観点別学習状況の評価の対象とするものについて整理したものが教科等の観点の趣旨である。

[5] 各学年（又は分野）の学習指導要領の目標を踏まえ，観点別学習状況の評価の対象とするものについて整理したものが学年別（又は分野別）の観点の趣旨である。

[6] 学びに向かう力，人間性等に関する目標には，個人内評価として実施するものも含まれている。（P.8 図3参照）※学年（又は分野）の目標についても同様である。

図6

【学習指導要領「学年（又は分野）の目標」】

学習指導要領　各教科等の「第2　各学年の目標及び内容」の学年ごとの「1　目標」

(1)	(2)	(3)
（知識及び技能に関する目標）	（思考力，判断力，表現力等に関する目標）	（学びに向かう力，人間性等に関する目標）

【改善等通知　別紙4「学年別（又は分野別）の評価の観点の趣旨」】

観点	知識・技能	思考・判断・表現	主体的に学習に取り組む態度
趣旨	（知識・技能の観点の趣旨）	（思考・判断・表現の観点の趣旨）	（主体的に学習に取り組む態度の観点の趣旨）

（2）「内容のまとまりごとの評価規準」とは

　　本参考資料では，評価規準の作成等について示す。具体的には，学習指導要領の規定から「内容のまとまりごとの評価規準」を作成する際の手順を示している。ここでの「内容のまとまり」とは，学習指導要領に示す各教科等の「第2　各学年の目標及び内容　2　内容」の項目等をそのまとまりごとに細分化したり整理したりしたものである[7]。平成29年改訂学習指導要領においては資質・能力の三つの柱に基づく構造化が行われたところであり，基本的には，学習指導要領に示す各教科等の「第2　各学年（分野）の目標及び内容」の「2　内容」において[8]，「内容のまとまり」ごとに育成を目指す資質・

---

[7] 各教科等の学習指導要領の「第3　指導計画の作成と内容の取扱い」1(1)に「単元（題材）などの内容や時間のまとまり」という記載があるが，この「内容や時間のまとまり」と，本参考資料における「内容のまとまり」は同義ではないことに注意が必要である。前者は，主体的・対話的で深い学びを実現するため，主体的に学習に取り組めるよう学習の見通しを立てたり学習したことを振り返ったりして自身の学びや変容を自覚できる場面をどこに設定するか，対話によって自分の考えなどを広げたり深めたりする場面をどこに設定するか，学びの深まりをつくりだすために，児童生徒が考える場面と教師が教える場面をどのように組み立てるか，といった視点による授業改善は，1単位時間の授業ごとに考えるのではなく，単元や題材などの一定程度のまとまりごとに検討されるべきであることが示されたものである。後者（本参考資料における「内容のまとまり」）については，本文に述べるとおりである。

[8] 小学校家庭においては，「第2　各学年の内容」，「1　内容」，小学校外国語・外国語活動，中学校外国語においては，「第2　各言語の目標及び内容等」，「1　目標」である。

能力が示されている。このため,「2　内容」の記載はそのまま学習指導の目標となりうるものである[9]。学習指導要領の目標に照らして観点別学習状況の評価を行うに当たり,児童生徒が資質・能力を身に付けた状況を表すために,「2　内容」の記載事項の文末を「～すること」から「～している」と変換したもの等を,本参考資料において「内容のまとまりごとの評価規準」と呼ぶこととする[10]。

　　ただし,「主体的に学習に取り組む態度」に関しては,特に,児童生徒の学習への継続的な取組を通して現れる性質を有すること等から[11],「2　内容」に記載がない[12]。そのため,各学年(又は分野)の「1　目標」を参考にしつつ,必要に応じて,改善等通知別紙4に示された学年(又は分野)別の評価の観点の趣旨のうち「主体的に学習に取り組む態度」に関わる部分を用いて「内容のまとまりごとの評価規準」を作成する必要がある。

　　なお,各学校においては,「内容のまとまりごとの評価規準」の考え方を踏まえて,学習評価を行う際の評価規準を作成する。

（3）「内容のまとまりごとの評価規準」を作成する際の基本的な手順

　　各教科における,「内容のまとまりごとの評価規準」を作成する際の基本的な手順は以下のとおりである。

　　　学習指導要領に示された教科及び学年(又は分野)の目標を踏まえて,「評価の観点及びその趣旨」が作成されていることを理解した上で,

　　① 　各教科における「内容のまとまり」と「評価の観点」との関係を確認する。

　　② 　【観点ごとのポイント】を踏まえ,「内容のまとまりごとの評価規準」を作成する。

---

[9] 「2　内容」において示されている指導事項等を整理することで「内容のまとまり」を構成している教科もある。この場合は,整理した資質・能力をもとに,構成された「内容のまとまり」に基づいて学習指導の目標を設定することとなる。また,目標や評価規準の設定は,教育課程を編成する主体である各学校が,学習指導要領に基づきつつ児童生徒や学校,地域の実情に応じて行うことが必要である。

[10] 小学校家庭,中学校技術・家庭(家庭分野)については,学習指導要領の目標及び分野の目標の(2)に思考力・判断力・表現力等の育成に係る学習過程が記載されているため,これらを踏まえて「内容のまとまりごとの評価規準」を作成する必要がある。

[11] 各教科等の特性によって単元や題材など内容や時間のまとまりはさまざまであることから,評価を行う際は,それぞれの実現状況が把握できる段階について検討が必要である。

[12] 各教科等によって,評価の対象に特性があることに留意する必要がある。例えば,体育・保健体育科の運動に関する領域においては,公正や協力などを,育成する「態度」として学習指導要領に位置付けており,各教科等の目標や内容に対応した学習評価が行われることとされている。

①，②については，第2編において詳述する。同様に，【観点ごとのポイント】についても，第2編に各教科等において示している。

（4）評価の計画を立てることの重要性

学習指導のねらいが児童生徒の学習状況として実現されたかについて，評価規準に照らして観察し，毎時間の授業で適宜指導を行うことは，育成を目指す資質・能力を児童生徒に育むためには不可欠である。その上で，評価規準に照らして，観点別学習状況の評価をするための記録を取ることになる。そのためには，いつ，どのような方法で，児童生徒について観点別学習状況を評価するための記録を取るのかについて，評価の計画を立てることが引き続き大切である。

毎時間児童生徒全員について記録を取り，総括の資料とするために蓄積することは現実的ではないことからも，児童生徒全員の学習状況を記録に残す場面を精選し，かつ適切に評価するための評価の計画が一層重要になる。

（5）観点別学習状況の評価に係る記録の総括

適切な評価の計画の下に得た，児童生徒の観点別学習状況の評価に係る記録の総括の時期としては，単元（題材）末，学期末，学年末等の節目が考えられる。

総括を行う際，観点別学習状況の評価に係る記録が，観点ごとに複数ある場合は，例えば，次のような方法が考えられる。

・　**評価結果のＡ，Ｂ，Ｃの数を基に総括する場合**

何回か行った評価結果のＡ，Ｂ，Ｃの数が多いものが，その観点の学習の実施状況を最もよく表現しているとする考え方に立つ総括の方法である。例えば，3回評価を行った結果が「ＡＢＢ」ならばＢと総括することが考えられる。なお，「ＡＡＢＢ」の総括結果をＡとするかＢとするかなど，同数の場合や三つの記号が混在する場合の総括の仕方をあらかじめ各学校において決めておく必要がある。

・　**評価結果のＡ，Ｂ，Ｃを数値に置き換えて総括する場合**

何回か行った評価結果Ａ，Ｂ，Ｃを，例えばＡ＝3，Ｂ＝2，Ｃ＝1のように数値によって表し，合計したり平均したりする総括の方法である。例えば，総括の結果をＢとする範囲を［2.5≧平均値≧1.5］とすると，「ＡＢＢ」の平均値は，約2.3［（3＋2＋2）÷3］で総括の結果はＢとなる。

なお，評価の各節目のうち特定の時点に重きを置いて評価を行う場合など，この例のような平均値による方法以外についても様々な総括の方法が考えられる。

（6）観点別学習状況の評価の評定への総括

評定は，各教科の観点別学習状況の評価を総括した数値を示すものである。評定は，児童生徒がどの教科の学習に望ましい学習状況が認められ，どの教科の学習に課題が

認められるのかを明らかにすることにより，教育課程全体を見渡した学習状況の把握と指導や学習の改善に生かすことを可能とするものである。

　評定への総括は，学期末や学年末などに行われることが多い。学年末に評定へ総括する場合には，学期末に総括した評定の結果を基にする場合と，学年末に観点ごとに総括した結果を基にする場合が考えられる。

　観点別学習状況の評価の評定への総括は，各観点の評価結果をＡ，Ｂ，Ｃの組合せ，又は，Ａ，Ｂ，Ｃを数値で表したものに基づいて総括し，その結果を小学校では３段階，中学校では５段階で表す。

　Ａ，Ｂ，Ｃの組合せから評定に総括する場合，各観点とも同じ評価がそろう場合は，小学校については，「ＢＢＢ」であれば２を基本としつつ，「ＡＡＡ」であれば３，「ＣＣＣ」であれば１とするのが適当であると考えられる。中学校については，「ＢＢＢ」であれば３を基本としつつ，「ＡＡＡ」であれば５又は４，「ＣＣＣ」であれば２又は１とするのが適当であると考えられる。それ以外の場合は，各観点のＡ，Ｂ，Ｃの数の組合せから適切に評定することができるようあらかじめ各学校において決めておく必要がある。

　なお，観点別学習状況の評価結果は，「十分満足できる」状況と判断されるものをＡ，「おおむね満足できる」状況と判断されるものをＢ，「努力を要する」状況と判断されるものをＣのように表されるが，そこで表された学習の実現状況には幅があるため，機械的に評定を算出することは適当ではない場合も予想される。

　また，評定は，小学校については，小学校学習指導要領等に示す各教科の目標に照らして，その実現状況を「十分満足できる」状況と判断されるものを３，「おおむね満足できる」状況と判断されるものを２，「努力を要する」状況と判断されるものを１，中学校については，中学校学習指導要領等に示す各教科の目標に照らして，その実現状況を「十分満足できるもののうち，特に程度が高い」状況と判断されるものを５，「十分満足できる」状況と判断されるものを４，「おおむね満足できる」状況と判断されるものを３，「努力を要する」状況と判断されるものを２，「一層努力を要する」状況と判断されるものを１という数値で表される。しかし，この数値を児童生徒の学習状況について三つ（小学校）又は五つ（中学校）に分類したものとして捉えるのではなく，常にこの結果の背景にある児童生徒の具体的な学習の実現状況を思い描き，適切に捉えることが大切である。評定への総括に当たっては，このようなことも十分に検討する必要がある[13]。

　なお，各学校では観点別学習状況の評価の観点ごとの総括及び評定への総括の考え

---

[13] 改善等通知では，「評定は各教科の学習の状況を総括的に評価するものであり，『観点別学習状況』において掲げられた観点は，分析的な評価を行うものとして，各教科の評定を行う場合において基本的な要素となるものであることに十分留意する。その際，評定の適切な決定方法等については，各学校において定める。」と示されている。(P.7，8参照)

方や方法について，教師間で共通理解を図り，児童生徒及び保護者に十分説明し理解を得ることが大切である。

2 総合的な学習の時間における評価規準の作成及び評価の実施等について
（1）総合的な学習の時間の「評価の観点」について

　平成29年改訂学習指導要領では，各教科等の目標や内容を「知識及び技能」，「思考力，判断力，表現力等」，「学びに向かう力，人間性等」の資質・能力の三つの柱で再整理しているが，このことは総合的な学習の時間においても同様である。

　総合的な学習の時間においては，学習指導要領が定める目標を踏まえて各学校が目標や内容を設定するという総合的な学習の時間の特質から，各学校が観点を設定するという枠組みが維持されている。一方で，各学校が目標や内容を定める際には，学習指導要領において示された以下について考慮する必要がある。

> 【各学校において定める目標】
> ・　各学校において定める目標については，各学校における教育目標を踏まえ，総合的な学習の時間を通して育成を目指す資質・能力を示すこと。　　　（第2の3(1)）

　総合的な学習の時間を通して育成を目指す資質・能力を示すとは，各学校における教育目標を踏まえて，各学校において定める目標の中に，この時間を通して育成を目指す資質・能力を，三つの柱に即して具体的に示すということである。

> 【各学校において定める内容】
> ・　探究課題の解決を通して育成を目指す具体的な資質・能力については，次の事項に配慮すること。
> 　ア　知識及び技能については，他教科等及び総合的な学習の時間で習得する知識及び技能が相互に関連付けられ，社会の中で生きて働くものとして形成されるようにすること。
> 　イ　思考力，判断力，表現力等については，課題の設定，情報の収集，整理・分析，まとめ・表現などの探究的な学習の過程において発揮され，未知の状況において活用できるものとして身に付けられるようにすること。
> 　ウ　学びに向かう力，人間性等については，自分自身に関すること及び他者や社会との関わりに関することの両方の視点を踏まえること。　　　（第2の3(6)）

　各学校において定める内容について，今回の改訂では新たに，「目標を実現するにふさわしい探究課題」，「探究課題の解決を通して育成を目指す具体的な資質・能力」の二つを定めることが示された。「探究課題の解決を通して育成を目指す具体的な資質・能力」とは，各学校において定める目標に記された資質・能力を，各探究課題に即して具体的に示したものであり，教師の適切な指導の下，児童生徒が各探究課題の解決に取り組む中で，育成することを目指す資質・能力のことである。この具体的な資質・能力も，「知識及び技能」，「思考力，判断力，表現力等」，「学びに向かう力，人間性等」という

資質・能力の三つの柱に即して設定していくことになる。

このように，各学校において定める目標と内容には，三つの柱に沿った資質・能力が明示されることになる。

したがって，資質・能力の三つの柱で再整理した新学習指導要領の下での指導と評価の一体化を推進するためにも，評価の観点についてこれらの資質・能力に関わる「知識・技能」，「思考・判断・表現」，「主体的に学習に取り組む態度」の3観点に整理し示したところである。

（2）総合的な学習の時間の「内容のまとまり」の考え方

学習指導要領の第2の2では，「各学校においては，第1の目標を踏まえ，各学校の総合的な学習の時間の内容を定める。」とされており，各教科のようにどの学年で何を指導するのかという内容を明示していない。これは，各学校が，学習指導要領が定める目標の趣旨を踏まえて，地域や学校，児童生徒の実態に応じて，創意工夫を生かした内容を定めることが期待されているからである。

この内容の設定に際しては，前述したように「目標を実現するにふさわしい探究課題」，「探究課題の解決を通して育成を目指す具体的な資質・能力」の二つを定めることが示され，探究課題としてどのような対象と関わり，その探究課題の解決を通して，どのような資質・能力を育成するのかが内容として記述されることになる。（図7参照）

図7

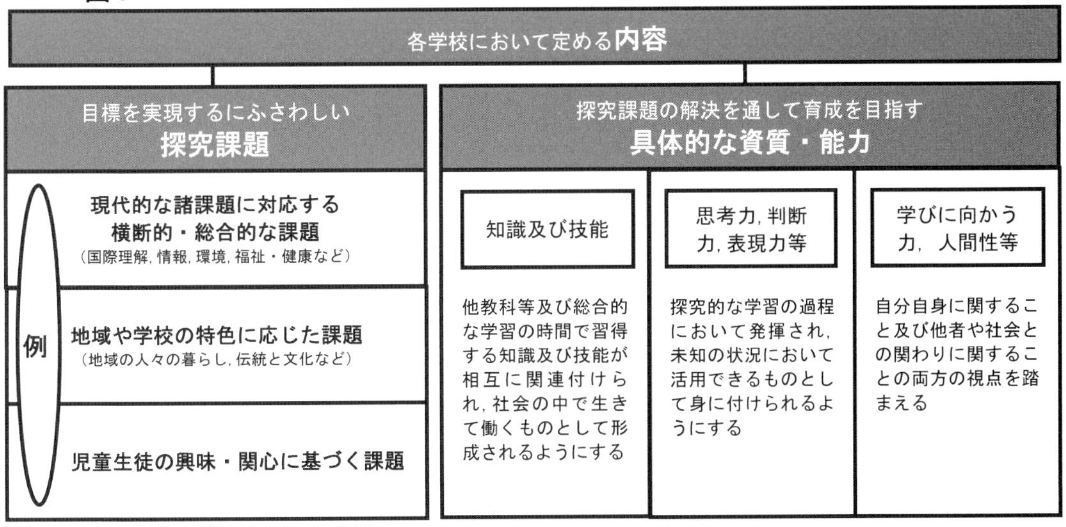

本参考資料第1編第2章の1（2）では，「内容のまとまり」について，「学習指導要領に示す各教科等の『第2　各学年の目標及び内容　2　内容』の項目等をそのまとまりごとに細分化したり整理したりしたもので，『内容のまとまり』ごとに育成を目指す資質・能力が示されている」と説明されている。

したがって，総合的な学習の時間における「内容のまとまり」とは，全体計画に示した「目標を実現するにふさわしい探究課題」のうち，一つ一つの探究課題とその探究課題に応じて定めた具体的な資質・能力と考えることができる。

（3）「内容のまとまりごとの評価規準」を作成する際の基本的な手順

　　総合的な学習の時間における，「内容のまとまりごとの評価規準」を作成する際の基本的な手順は以下のとおりである。

> ①　各学校において定めた目標（第2の1）と「評価の観点及びその趣旨」を確認する。

> ②　各学校において定めた内容の記述（「内容のまとまり」として探究課題ごとに作成した「探究課題の解決を通して育成を目指す具体的な資質・能力」）が，観点ごとにどのように整理されているかを確認する。

> ③【観点ごとのポイント】を踏まえ，「内容のまとまりごとの評価規準」を作成する。

3　特別活動の「評価の観点」とその趣旨，並びに評価規準の作成及び評価の実施等について

（1）特別活動の「評価の観点」とその趣旨について

　　特別活動においては，改善等通知において示されたように，特別活動の特質と学校の創意工夫を生かすということから，設置者ではなく，「各学校で評価の観点を定める」ものとしている。本参考資料では「評価の観点」とその趣旨の設定について示している。

（2）特別活動の「内容のまとまり」

　　小学校においては，学習指導要領の内容の〔学級活動〕「（1）学級や学校における生活づくりへの参画」，「（2）日常の生活や学習への適応と自己の成長及び健康安全」，「（3）一人一人のキャリア形成と自己実現」，〔児童会活動〕，〔クラブ活動〕，〔学校行事〕（1）儀式的行事，（2）文化的行事，（3）健康安全・体育的行事，（4）遠足・集団宿泊的行事，（5）勤労生産・奉仕的行事を「内容のまとまり」とした。

　　中学校においては，学習指導要領の内容の〔学級活動〕「（1）学級や学校における生活づくりへの参画」，「（2）日常の生活や学習への適応と自己の成長及び健康安全」，「（3）一人一人のキャリア形成と自己実現」，〔生徒会活動〕，〔学校行事〕（1）儀式的行事，（2）文化的行事，（3）健康安全・体育的行事，（4）旅行・集団宿泊的行事，（5）勤労生産・奉仕的行事を「内容のまとまり」とした。

（3）特別活動の「評価の観点」とその趣旨，並びに「内容のまとまりごとの評価規準」を作成する際の基本的な手順

　　各学校においては，学習指導要領に示された特別活動の目標及び内容を踏まえ，自校の実態に即し，改善等通知の例示を参考に観点を作成する。その際，例えば，特別活動の特質や学校として重点化した内容を踏まえて，具体的な観点を設定することが考えられる。

　また，学習指導要領解説では，各活動・学校行事の内容ごとに育成を目指す資質・能力が例示されている。そこで，学習指導要領で示された「各活動・学校行事の目標」及び学習指導要領解説で例示された「資質・能力」を確認し，各学校の実態に合わせて育成を目指す資質・能力を重点化して設定する。

　次に，各学校で設定した，各活動・学校行事で育成を目指す資質・能力を踏まえて，「内容のまとまりごとの評価規準」を作成する。その際，小学校の学級活動においては，学習指導要領で示した「各学年段階における配慮事項」や，学習指導要領解説に示した「発達の段階に即した指導のめやす」を踏まえて，低・中・高学年ごとに評価規準を作成することが考えられる。基本的な手順は以下のとおりである。

---

①　学習指導要領の「特別活動の目標」と改善等通知を確認する。

---

②　学習指導要領の「特別活動の目標」と自校の実態を踏まえ，改善等通知の例示を参考に，特別活動の「評価の観点」とその趣旨を設定する。

---

③　学習指導要領の「各活動・学校行事の目標」及び学習指導要領解説特別活動編（平成 29 年 7 月）で例示した「各活動・学校行事における育成を目指す資質・能力」を参考に，各学校において育成を目指す資質・能力を重点化して設定する。

---

④　【観点ごとのポイント】を踏まえ，「内容のまとまりごとの評価規準」を作成する。

（参考）平成 23 年「評価規準の作成，評価方法等の工夫改善のための参考資料」からの変更点について

　今回作成した本参考資料は，平成 23 年の「評価規準の作成，評価方法等の工夫改善のための参考資料」を踏襲するものであるが，以下のような変更点があることに留意が必要である[14]。

　まず，平成 23 年の参考資料において使用していた「評価規準に盛り込むべき事項」や「評価規準の設定例」については，報告において「現行の参考資料のように評価規準を詳細に示すのではなく，各教科等の特質に応じて，学習指導要領の規定から評価規準を作成する際の手順を示すことを基本とする」との指摘を受け，第 2 編において示すことを改め，本参考資料の第 3 編における事例の中で，各教科等の事例に沿った評価規準を例示したり，その作成手順等を紹介したりする形に改めている。

　次に，本参考資料の第 2 編に示す「内容のまとまりごとの評価規準」は，平成 23 年の「評価規準の作成，評価方法等の工夫改善のための参考資料」において示した「評価規準に盛り込むべき事項」と作成の手順を異にする。具体的には，「評価規準に盛り込むべき事項」は，平成 20 年改訂学習指導要領における各教科等の目標，各学年（又は分野）の目標及び内容の記述を基に，学習評価及び指導要録の改善通知で示している各教科等の評価の観点及びその趣旨，学年（又は分野）別の評価の観点の趣旨を踏まえて作成したものである。

　また，平成 23 年の参考資料では「評価規準に盛り込むべき事項」をより具体化したものを「評価規準の設定例」として示している。「評価規準の設定例」は，原則として，学習指導要領の各教科等の目標，学年（又は分野）別の目標及び内容のほかに，当該部分の学習指導要領解説（文部科学省刊行）の記述を基に作成していた。他方，本参考資料における「内容のまとまりごとの評価規準」については，平成 29 年改訂の学習指導要領の目標及び内容が育成を目指す資質・能力に関わる記述で整理されたことから，既に確認のとおり，そこでの「内容のまとまり」ごとの記述を，文末を変換するなどにより評価規準とすることを可能としており，学習指導要領の記載と表裏一体をなす関係にあると言える。

　さらに，「主体的に学習に取り組む態度」の「各教科等・各学年等の評価の観点の趣旨」についてである。前述のとおり，従前の「関心・意欲・態度」の観点から「主体的に学習に取り組む態度」の観点に改められており，「主体的に学習に取り組む態度」の観点に関しては各学年（又は分野）の「1　目標」を参考にしつつ，必要に応じて，改善等通知別紙 4 に示された学年（又は分野）別の評価の観点の趣旨のうち「主体的に学習に取り組む態度」に関わる部分を用いて「内容のまとまりごとの評価規準」を作成する必要がある。

---

[14] 特別活動については，これまでも三つの観点に基づいて児童生徒の資質・能力の育成を目指し，指導に生かしてきたところであり，上記の変更点に該当するものではないことに留意が必要である。

報告にあるとおり，「主体的に学習に取り組む態度」は，現行の「関心・意欲・態度」の観点の本来の趣旨であった，各教科等の学習内容に関心をもつことのみならず，よりよく学ぼうとする意欲をもって学習に取り組む態度を評価することを改めて強調するものである。また，本観点に基づく評価としては，「主体的に学習に取り組む態度」に係る各教科等の評価の観点の趣旨に照らし，

　① 知識及び技能を獲得したり，思考力，判断力，表現力等を身に付けたりすることに向けた粘り強い取組を行おうとする側面と，

　② ①の粘り強い取組を行う中で，自らの学習を調整しようとする側面，

という二つの側面を評価することが求められるとされた[15]。

　以上の点から，今回の改善等通知で示した「主体的に学習に取り組む態度」の「各教科等・各学年等の評価の観点の趣旨」は，平成22年通知で示した「関心・意欲・態度」の「各教科等・各学年等の評価の観点の趣旨」から改められている。

---

[15] 各教科等によって，評価の対象に特性があることに留意する必要がある。例えば，体育・保健体育科の運動に関する領域においては，公正や協力などを，育成する「態度」として学習指導要領に位置付けており，各教科等の目標や内容に対応した学習評価が行われることとされている。

第２編

「内容のまとまりごとの評価規準」
を作成する際の手順

1 小学校生活科の「内容のまとまり」

　小学校生活科における「内容のまとまり」は，学習指導要領に示された9つの内容の一つ一つと考えることができる。

	「内容のまとまり」
学校，家庭及び地域の生活に関する内容	内容(1)　学校と生活
	内容(2)　家庭と生活
	内容(3)　地域と生活
身近な人々，社会及び自然と関わる活動に関する内容	内容(4)　公共物や公共施設の利用
	内容(5)　季節の変化と生活
	内容(6)　自然や物を使った遊び
	内容(7)　動植物の飼育・栽培
	内容(8)　生活や出来事の伝え合い
自分自身の生活や成長に関する内容	内容(9)　自分の成長

2　小学校生活科における「内容のまとまりごとの評価規準」作成の手順

　ここでは，第１学年及び第２学年の内容(1)を取り上げて，「内容のまとまりごとの評価規準」作成の手順を説明する。

　まず，学習指導要領に示された教科及び学年の目標を踏まえて，「評価の観点及びその趣旨」が作成されていることを理解する。その上で，①及び②の手順を踏む。

＜例　第１学年及び第２学年　内容(1)＞

【小学校学習指導要領 第２章 第５節　生活「第１　目標」】

　具体的な活動や体験を通して，身近な生活に関わる見方・考え方を生かし，自立し生活を豊かにしていくための資質・能力を次のとおり育成することを目指す。

（１）	（２）	（３）
活動や体験の過程において，自分自身，身近な人々，社会及び自然の特徴やよさ，それらの関わり等に気付くとともに，生活上必要な習慣や技能を身に付けるようにする。	身近な人々，社会及び自然を自分との関わりで捉え，自分自身や自分の生活について考え，表現することができるようにする。	身近な人々，社会及び自然に自ら働きかけ，意欲や自信をもって学んだり生活を豊かにしたりしようとする態度を養う。

（小学校学習指導要領 P.112）

【改善等通知 別紙４　生活 （１）評価の観点及びその趣旨　＜小学校　生活＞】

知識・技能	思考・判断・表現	主体的に学習に取り組む態度
活動や体験の過程において，自分自身，身近な人々，社会及び自然の特徴やよさ，それらの関わり等に気付いているとともに，生活上必要な習慣や技能を身に付けている。	身近な人々，社会及び自然を自分との関わりで捉え，自分自身や自分の生活について考え，表現している。	身近な人々，社会及び自然に自ら働きかけ，意欲や自信をもって学ぼうとしたり，生活を豊かにしたりしようとしている。

（改善等通知　別紙４　P.13）

① 各教科における「内容のまとまり」と「評価の観点」との関係を確認する。

内容(1)
　学校生活に関わる活動を通して，学校の施設の様子や学校生活を支えている人々や友達，通学路の様子やその安全を守っている人々などについて考えることができ，学校での生活は様々な人や施設と関わっていることが分かり，楽しく安心して遊びや生活をしたり，安全な登下校をしたりしようとする。

　生活科における「内容のまとまり」の記述には，以下の４つの要素が構造的に組み込まれている。これらを踏まえて「内容のまとまりごとの評価規準」を作成することになる。

　　（実線）…「知識及び技能の基礎」に関すること
　　（波線）…「思考力，判断力，表現力等の基礎」に関すること
　　（破線）…「学びに向かう力，人間性等」に関すること
　（太実線）…児童が直接関わる学習対象や実際に行われる学習活動等

　生活科における各内容は「〜を通して（具体的な活動や体験），〜ができ（思考力，判断力，表現力等の基礎），〜が分かり・〜に気付き（知識及び技能の基礎），〜したりしようとする（学びに向かう力，人間性等）」のように構成されている。

内容(※)
　＊＊＊＊＊＊＊＊を通して，＊＊＊＊＊＊＊＊＊＊＊＊＊ついて考えることができ，＊＊＊＊＊＊＊＊＊＊＊が分かり，＊＊＊＊＊＊＊＊＊＊＊＊＊したりしようとする。

　これは，低学年の児童に，よき生活者としての資質・能力を育成していくためには，実際に対象に触れ，活動することを通して，対象について感じ，考え，行為していくとともに，その活動によって，対象や自分自身への気付きが生まれ，それらが相まって学びに向かう力を安定的で持続的な態度として育成し，確かな行動へと結び付けていくことを重視しているためである。各観点の評価規準の作成に当たっては，このような構造を踏まえて作成することになる。

② 【観点ごとのポイント】を踏まえ，「内容のまとまりごとの評価規準」を作成する。

（1）「内容のまとまりごとの評価規準」を作成する際の【観点ごとのポイント】

○ 「知識・技能」のポイント
- ②において，「実際に行われる学習活動（太実線）に続き，「実線」部分の記載事項の文末を，「分かる」から「分かっている」とすることにより，「内容のまとまり」に対応する評価規準を作成することが可能である。

○ 「思考・判断・表現」のポイント
- ②において，「実際に行われる学習活動（太実線）に続き，「波線」部分の記載事項の文末を，「考えることができる」から「考えている」とすることにより，「内容のまとまり」に対応する評価規準を作成することが可能である。

○ 「主体的に学習に取り組む態度」のポイント
- ②において，「実際に行われる学習活動（太実線）に続き，「破線」部分の記載事項の文末を，「したりしようとする」から「したりしようとしている」とすることにより，「内容のまとまり」に対応する評価規準を作成することが可能である。

※ 他の「内容のまとまり」においても記載事項の文末を，例えば，「気付く」から「気付いている」（「知識・技能」），「見付ける」から「見付けている」（「思考・判断・表現」），「創り出そうとする」から「創り出そうとしている」（「主体的に学習に取り組む態度」）などのようにすることで，「内容のまとまり」に対応する評価規準を作成することが可能である。

（2）学習指導要領の「2 内容」 及び 「内容のまとまりごとの評価規準（例）」

学習指導要領 2 内容	知識及び技能の基礎	思考力，判断力，表現力等の基礎	学びに向かう力，人間性等
	学校生活に関わる活動を通して，学校での生活は様々な人や施設と関わっていることが分かる。	学校生活に関わる活動を通して，学校の施設の様子や学校生活を支えている人々や友達，通学路の様子やその安全を守っている人々などについて考えることができる。	学校生活に関わる活動を通して，楽しく安心して遊びや生活をしたり，安全な登下校をしたりしようとする。

内容のまとまりごとの評価規準例	知識・技能	思考・判断・表現	主体的に学習に取り組む態度
	学校生活に関わる活動を通して，学校での生活は様々な人や施設と関わっていることが分かっている。	学校生活に関わる活動を通して，学校の施設の様子や学校生活を支えている人々や友達，通学路の様子やその安全を守っている人々などについて考えている。	学校生活に関わる活動を通して，楽しく安心して遊びや生活をしたり，安全な登下校をしたりしようとしている。

第３編

単元ごとの学習評価について

（事例）

第1章　「内容のまとまりごとの評価規準」の考え方を踏まえた評価規準の作成

1　本編事例における学習評価の進め方について

　単元における観点別学習状況の評価を実施するに当たり，まずは年間の指導と評価の計画を確認することが重要である。その上で，学習指導要領の目標や内容，「内容のまとまりごとの評価規準」の考え方等を踏まえ，以下のように進めることが考えられる。なお，複数の単元にわたって評価を行う場合など，以下の方法によらない事例もあることに留意する必要がある。

評価の進め方	留意点
1　単元の目標を作成する	○　単元を構成する内容について，学習指導要領に示された記載事項を確認する。 ○　具体的な学習対象や活動に即して単元の目標を作成する。 ○　学習指導要領解説において内容に示された資質・能力を確認するとともに，「具体的な内容のまとまりごとの評価規準（例）」を参考に，学習活動に即した小単元の評価規準を作成する。
2　単元の評価規準を作成する	単元の目標及び評価規準の関係性について（イメージ図） 学習指導要領　第1編第2章1（2）を参照 「内容のまとまりごとの評価規準」 学習指導要領解説等を参考に，各学校において授業で育成を目指す資質・能力を明確化 「内容のまとまりごとの評価規準」の考え方等を踏まえて作成 単元の目標　第3編第1章2を参照 単元の評価規準 ※　外国語科及び外国語活動においてはこの限りではない。 ※　単元全体を俯瞰し，評価の観点や評価の場面に偏りがある場合は必要に応じて単元計画や評価規準等の見直しを行う。
3　「指導と評価の計画」を作成する	○　1，2を踏まえ，具体的な学習活動に沿って，評価場面や評価方法等を計画する。 ○　どのような評価資料をもとに評価するかを考え，その結果をもとに具体的な手立てを明らかにする。特に「努力を要する」状況（C）の児童への対応を考える。
授業を行う 	○　3に沿って観点別学習状況の評価を行い，児童の学習改善や教師の指導改善につなげる。
4　観点ごとに総括する 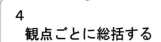	○　集めた評価資料やそれに基づく評価結果などから，観点ごとの総括的評価（A，B，C）を行う。

2 単元の評価規準の作成のポイント

（１）生活科における単元及び単元の目標を作成する手順

生活科における「内容のまとまり」とは，学習指導要領に示された9つの内容の一つ一つと考えることができる。（表1）

表1 生活科における「内容のまとまり」

	「内容のまとまり」	
学校，家庭及び地域の生活に関する内容	内容(1)	学校と生活
	内容(2)	家庭と生活
	内容(3)	地域と生活
身近な人々，社会及び自然と関わる活動に関する内容	内容(4)	公共物や公共施設の利用
	内容(5)	季節の変化と生活
	内容(6)	自然や物を使った遊び
	内容(7)	動植物の飼育・栽培
	内容(8)	生活や出来事の伝え合い
自分自身の生活や成長に関する内容	内容(9)	自分の成長

この「内容のまとまり」を踏まえて，以下の生活科の単元の特徴を大切にし，単元計画を作成することが求められる。

○ 児童が，身近な人々，社会及び自然を自分との関わりで捉え，よりよい生活に向けて思いや願いを実現していく必然性のある学習活動で構成する。

○ 具体的な活動や体験を行い，気付きを交流したり活動を振り返ったりする中に，児童一人一人の思いや願いに沿った多様な学習活動が位置付く。

○ 学習活動を行う中で，高まる児童の思いや願いに弾力的に対応する必要がある。

○ それぞれの学校や地域の人々，社会及び自然に関する特性を把握し，そのよさや可能性を生かす。

各学校には，このような生活科の単元の特徴を大切にしながら，2年間にわたって各内容をどの学年でどのように扱うかを構想し，妥当性・信頼性のある評価を行えるよう創意工夫した単元計画を作成することが求められる。

生活科において単元を作成するに当たっては，1内容で1単元を構成する場合と，複数の内容で1単元を構成する場合が考えられる。単元の目標は，単元を構成する内容に基づき，学習指導要領及び学習指導要領解説生活編における各内容の記載事項を踏まえるとともに，具体的な学習対象に即して作成することになる。複数の内容を組み合わせて単元を構成する場合は，各内容に示された資質・能力の一部が単元から欠けることがないように気を付けなければならない。

なお，幼児期までの学びの特性を踏まえ，育成を目指す三つの資質・能力を截然と分けることができないことから，生活科においては教科目標に示した資質・能力の末尾が「の基礎」となっている。このことを踏まえ，単元の目標の作成に当たっては，育成する資質・能力を総括的に示すなどの工夫が必要である。

以下に，**単元の目標を作成する手順**とともに，1内容で単元を構成した場合（例1）と，2内容で単元を構成した場合（例2）の作成例を示す。

〔単元の目標を作成する手順〕
① 　単元を構成する内容について，学習指導要領に示された記載事項を確認する。
② 　①と具体的な学習対象や活動に即して，単元の目標を作成する。

（例1）　　第2学年　内容(7)「動植物の飼育・栽培」に基づいた作成の手順

---

① 　単元を構成する内容について，学習指導要領に示された記載事項を確認する。

内容(7)「動植物の飼育・栽培」
　動物を飼ったり植物を育てたりする活動を通して，それらの育つ場所，変化や成長の様子に関心をもって働きかけることができ，それらは生命をもっていることや成長していることに気付くとともに，生き物への親しみをもち，大切にしようとする。

---

② 　①と具体的な学習対象や活動に即して，単元の目標を作成する。

〔単元の目標〕
　モルモットを飼育する活動を通して，モルモットの変化や成長の様子に関心をもって働きかけ，モルモットに合った世話の仕方があることや生命をもっていることや成長していることに気付き，モルモットへの親しみをもち，生き物を大切にすることができるようにする。

（例2）　　第1学年　内容(5)「季節の変化と生活」と内容(6)「自然や物を使った遊び」に基づいた作成の手順

---

① 　単元を構成する内容について，学習指導要領に示された記載事項を確認する。

内容(5)「季節の変化と生活」
　身近な自然を観察したり，季節や地域の行事に関わったりするなどの活動を通して，それらの違いや特徴を見付けることができ，自然の様子や四季の変化，季節によって生活の様子が変わることに気付くとともに，それらを取り入れ自分の生活を楽しくしようとする。

内容(6)「自然や物を使った遊び」
　身近な自然を利用したり，身近にある物を使ったりするなどして遊ぶ活動を通して，遊びや遊びに使う物を工夫してつくることができ，その面白さや自然の不思議さに気付くとともに，みんなと楽しみながら遊びを創り出そうとする。

---

② 　①と具体的な学習対象や活動に即して，単元の目標を作成する。

〔単元の目標〕
　秋の自然を見付けたり遊んだりする活動を通して，秋とその他の季節との違いや特徴を見付けたり，遊びや遊びに使う物を工夫してつくったりして，秋の自然の様子や夏から秋への変化，それを利用した遊びの面白さに気付くとともに，季節の変化を取り入れ自分の生活を楽しくしたり，みんなと楽しみながら遊びを創り出そうとしたりすることができるようにする。

（2）単元の評価規準，小単元における評価規準の作成の手順

　生活科は，児童が具体的な活動や体験を通して，あるいはその前後を含む学習の過程において，文脈に即して学んでいくことから，評価は，活動や体験そのもの，すなわち結果に至るまでの過程を重視して行われる。そのためにも，単元の評価規準及び一連の具体的な学習活動のまとまりである小単元における評価規準を具体的な児童の姿として作成することが大切である。

　以下に，**単元の評価規準及び小単元の評価規準の作成の手順**とともに，単元を1内容で構成した場合（例1）と，単元を2内容で構成した場合（例2）の作成例を示す。

〔単元の評価規準を作成する手順〕

① 　単元の目標を確認する。

② 　単元の目標に示された資質・能力を踏まえ，単元の評価規準を作成する。

③ 　学習指導要領解説において，各内容に示された資質・能力に関する記述を確認するとともに，「具体的な内容のまとまりごとの評価規準（例）※」を参考に，小単元の評価規準を作成する。

※ 　ここでいう「具体的な内容のまとまりごとの評価規準（例）」とは，「内容のまとまりごとの評価規準」をより具体的に例示したものである。例示に当たっては，学習指導要領解説生活編において示された各内容の資質・能力に関する記述等に依拠している。

※ 　単元全体を俯瞰し，評価の観点や評価の場面に偏りがある場合は，必要に応じて単元計画や評価規準等の見直しを行うようにする。

（例1）　第2学年　内容⑺「動植物の飼育・栽培」に基づいた作成の手順

① 　単元の目標を確認する。

〔単元の目標〕

　モルモットを飼育する活動を通して，モルモットの変化や成長の様子に関心をもって働きかけ，モルモットに合った世話の仕方があることや生命をもっていることや成長していることに気付き，モルモットへの親しみをもち，生き物を大切にすることができるようにする。

② 　単元の目標に示された資質・能力を踏まえ，単元の評価規準を作成する。

知識・技能	思考・判断・表現	主体的に学習に取り組む態度
モルモットを飼育する活動を通して，モルモットに合った世話の仕方があることや生命をもっていることや成長していることに気付いている。	モルモットを飼育する活動を通して，モルモットの変化や成長の様子に関心をもって働きかけている。	モルモットを飼育する活動を通して，モルモットへの親しみをもち，生き物を大切にしようとしている。

※巻末資料 p.74～を参照。

③　学習指導要領解説において，各内容に示された資質・能力に関する記述を確認するとともに，具体的な内容のまとまりごとの評価規準（例）を参考に，小単元の評価規準を作成する。

学習指導要領解説生活編における内容（7）に関する資質・能力の記載事項		
知識及び技能の基礎	思考力，判断力，表現力等の基礎	学びに向かう力，人間性等
それらは生命をもっていることや成長していることに気付くとは，動植物の飼育・栽培を行う中で，動植物が変化し成長していることに気付き，生命をもっていることやその大切さに気付くことである。	それらの育つ場所，変化や成長の様子に関心をもって働きかけることができとは，動植物が育つ中でどのように変化し成長していくのか，どのような環境で育っていくのかについて興味や関心をもって，動植物に心を寄せ，よりよい成長を願って行為することである。	生き物への親しみをもち，大切にしようとするとは，生き物に心を寄せ，愛着をもって接するとともに，生命あるものとして世話しようとすることである。

具体的な内容のまとまりごとの評価規準（例）		
知識・技能	思考・判断・表現	主体的に学習に取り組む態度
・動植物の特徴，育つ場所，変化や成長の様子に気付いている。 ・育てている動植物に合った世話の 　　　　　：	・動植物の特徴などを意識しながら，育ててみたい動植物を選んだり決めたりしている。 　　　　　：	・よりよい成長を願って，繰り返し関わろうとしている。 ・動植物の特徴，育つ場所，変化や 　　　　　：

小単元における評価規準	小単元	知識・技能	思考・判断・表現	主体的に学習に取り組む態度
	1	①モルモットの特徴，変化や成長の・・・		①元気に育てたい，仲良くなりた・・・をもって，・・・うとして
	2	・学習活動に即して小単元の評価規準を作成する ※単元全体を俯瞰し，評価の観点や評価の場面に偏りがある場合は，必要に応じて単元計画や評価規準等の見直しを行うようにする。		
	2	②・・・・・・も自分たちと同じように生命をもっていること，成長すること，モルモットに合った世話の仕方があることに気付いている。 ③モルモットを適切な仕方で世話をしている。	①・・・・・の変化や成長の様子に着目したり，モルモットの立場に立って関わり方を見直したりしながら，世話をしている。	②モルモットに心を寄せ，モルモットの様子に合わせて，繰り返し関わろうとしている。
	3	④モルモットへの親しみが増し，上手に世話ができるようになったことに気付いている。	②モルモットとの関わりを振り返りながら，世話をして気付いたことやモルモットへの思い，自分自身の成長を表現している。	③モルモットとの関わりが増したことに自信をもち，関わり続けようとしている。

（例２）　第１学年　内容(5)「季節の変化と生活」と内容(6)「自然や物を使った遊び」に基づいた作成の手順

```
① 単元の目標を確認する。
```

〔単元の目標〕

　秋の自然を見付けたり遊んだりする活動を通して，秋とその他の季節との違いや特徴を見付けたり，遊びや遊びに使う物を工夫してつくったりして，秋の自然の様子や夏から秋への変化，それを利用した遊びの面白さに気付くとともに，季節の変化を取り入れ自分の生活を楽しくしたり，みんなと楽しみながら遊びを創り出そうとしたりすることができるようにする。

```
② 単元の目標に示された資質・能力を踏まえ，単元の評価規準を作成する。
```

知識・技能	思考・判断・表現	主体的に学習に取り組む態度
秋の自然を見付けたり遊んだりする活動を通して，秋の自然の様子や夏から秋への変化，それを利用した遊びの面白さに気付いている。	秋の自然を見付けたり遊んだりする活動を通して，秋とその他の季節との違いや特徴を見付けたり，遊びや遊びに使う物を工夫してつくったりしている。	秋の自然を見付けたり遊んだりする活動を通して，季節の変化を取り入れ自分の生活を楽しくしたり，みんなと楽しみながら遊びを創り出そうとしたりしている。

```
③ 学習指導要領解説において，各内容に示された資質・能力に関する記述を確認するとともに，
「具体的な内容のまとまりごとの評価規準（例)」を参考に，小単元の評価規準を作成する。
```

学習指導要領解説生活編における内容（5)，内容（6)に関する資質・能力の記載事項		
知識及び技能の基礎	思考力，判断力，表現力等の基礎	学びに向かう力，人間性等
・季節によって生活の様子が変わることに気付くとは，身近な自然の共通点や相違点，季節の移り変わりに気付いたり，季節の変化と自分たちの生活との関わりに気付いたりすることである。〔内容(5)〕 ・その面白さや自然の不思議さに気付くとは，遊びや遊びに使う物を工夫してつくることで，児童が，遊びの面白さとともに，自然の不思議さにも気付くことができるようにすることである。〔内容(6)〕	・それらの違いや特徴を見付けることができるとは，身近な自然や行事に興味をもち，それらを観察したりそれらに関わったりすることを通して，そこには同じ性質や変化があること，異なる特徴や違いがあること，時間の変化や繰り返しがあること，などに注意を向け，自覚することである。〔内容(5)〕 ・遊びや遊びに使う物を工夫してつくることができるとは，試行錯誤を繰り返しながら，遊び自体を工夫したり，遊びに使う物を工夫してつくったりして考えを巡らせることである。〔内容(6)〕	・それらを取り入れ自分の生活を楽しくしようとするとは，自然との触れ合いや行事との関わりの中で，気付いたことを毎日の生活に生かし，自分自身の暮らしを楽しく充実したものにしようとすることである。〔内容(5)〕 ・みんなと楽しみながら遊びを創り出そうとするとは，自分と友達などとのつながりを大切にしながら，遊びを創り出し，毎日の生活を豊かにしていくことである。〔内容(6)〕

		知識・技能	思考・判断・表現	主体的に学習に取り組む態度
			具体的な内容のまとまりごとの評価規準（例）	
		・身近な自然の様子の共通点や違い，季節の移り変わりに気付いている。	・諸感覚を生かして，身近な自然に関わっている。 ・四季の変化や季節の特徴を…	・楽しみたいという思いや願いをもって，身近な自然と触れ合ったり地域の行事に参加…

↓

	小単元	知識・技能	思考・判断・表現	主体的に学習に取り組む態度
小単元における評価規準	1	①校庭や公園の秋の自然の様子や特〔…〕わり〔…〕	①楽しみたい遊びを思い描きな〔…〕の秋の自然に関わっている。	①秋の自然を楽しみたいとい〔…〕て，校庭〔…〕と繰り返〔…〕いる。
	2	②校庭や公園の秋の自然はいろいろな遊びに利用できることや，遊びを工夫したり遊びを創り出したりすることの面白さに気付いている。	③遊びの約束やルールなどを工夫しながら，遊んでいる。 ④比べたり，たとえたり，試したり，見通したりしながら，遊びを楽しんでいる。	②校庭や公園の秋の自然の様子や特徴に応じながら，それらと関わろうとしている。
	3	③みんなで楽しく遊ぶ際，道具や用具の準備や片付け，掃除，整理整頓をしている。 ④遊びには約束やルールや大切なことやそれを守って遊ぶと楽しいことに気付いている。		③みんなで遊ぶと生活が楽しくなることを実感し，毎日の生活を豊かにしようとしている。

・学習活動に即して小単元の評価規準を作成する
※単元全体を俯瞰し，評価の観点や評価の場面に偏りがある場合は，必要に応じて単元計画や評価規準等の見直しを行うようにする。

育成を目指す資質・能力を踏まえた評価規準の作成のポイント

（1）知識・技能

　生活科における「知識・技能の基礎」については，学習指導要領解説生活編に「活動や体験の過程において，自分自身，身近な人々，社会及び自然やそれらの関わり等についての気付きが生まれることが考えられる。生活科における気付きは，諸感覚を通して自覚された個別の事実であるとともに，それらが相互に関連付けられたり，既存の経験などと組み合わされたりして，各教科等の学習や実生活の中で生きて働くものとなることを目指している。また，このような過程において，生活上必要な習慣や技能も活用されるものとして身に付けることを目指している。」と説明されている。

　この資質・能力を評価するに当たっては，①気付きが自覚されること，②個別の気付きが相互に関連付くこと，③対象のみならず自分自身についての気付きが生まれること，を気付きの質の高まりとして見取ることが大切である。また，生活上必要な習慣や技能については，特定の習慣や技能を取り出して指導するのではなく，思いや願いを実現する過程において身に付けていくものであることに留意する必要がある。

　評価規準を作成する際は，以下を参考にすることが考えられる。

「知識・技能」のうち，知識に関する評価規準（例）

・評価規準の構造を「〇〇に気付いている」，「〇〇が分かっている」などとして作成する。

　※　〇〇には，気付きなど知識の基礎の具体を記述する。

「知識・技能」のうち，技能に関する評価規準（例）

・評価規準の構造を「△△において（の際），〇〇している」などとして作成する。

　※　△△には学習活動を，〇〇には学習指導要領解説生活編（P14）に示した習慣や技能を参考にして，具体を記述する。

（2）思考・判断・表現

　生活科における「思考力，判断力，表現力等の基礎」については，学習指導要領解説生活編に「思いや願いの実現に向けて，『何をするか』『どのようにするか』と考え，それを実際に行い，次の活動へと向かっていく。その過程には，様々な思考や判断，表現が存在している。思いや願いを実現する過程において，身近な人々，社会及び自然を自分との関わりで捉え，自分自身や自分の生活について考えたり表現したりすることができるようにすることを目指している。」，「ここでいう『考える』とは，児童が自分自身や自分の生活について，見付ける，比べる，たとえるなどの学習活動により，分析的に考えることである。また，試す，見通す，工夫するなどの学習活動により，創造的に考えることである。『表現する』とは，気付いたことや考えたこと，楽しかったことなどについて，言葉，絵，動作，劇化などの多様な方法によって，他者と伝え合ったり，振り返ったりすることである。」と説明されている。

　この資質・能力を評価するに当たっては，①見付ける，②比べる，③たとえる，などと示された分析的に考えること，④試す，⑤見通す，⑥工夫する，などと示された創造的に考えることを踏まえる必要がある。

　評価規準を作成する際は，以下を参考にすることが考えられる。

「思考・判断・表現」に関する評価規準（例）

・評価規準の構造を「○○して（しながら），△△している」などとして作成する。

※　○○には，具体的な学習活動において期待する思考を，△△には具体的な児童の姿を記述する。

※　思考を具体的に表したものとして，以下も参考にすることができる。

① 見付けて（見付けながら）
・思い起こして，感じて，気にしながら，意識しながら　など

② 比べて（比べながら）
・特徴でまとめながら，違いで分けて，順序を考えながら　など

③ たとえて（たとえながら）
・知っていることで表しながら，関連付けながら，置き換えて，見立てて　など

④ 試して(試しながら)
・実際に確かめながら，調べたりやってみたりして，練習しながら　など

⑤ 見通して（見通しながら）
・思い描きながら，予想しながら，振り返って　など

⑥ 工夫している（工夫しながら）
・生かしながら，見直して　など

※　具体的な児童の姿として，以下が考えられる。
・観察している，関わっている，記録している，方法を決めている，表している，集めている，楽しんでいる，遊んでいる，交流している，捉えている，知らせている，利用している，伝え合っている，計画を立てている　など。

（3）主体的に学習に取り組む態度

　生活科における「学びに向かう力，人間性等」については，学習指導要領解説生活編に「思いや願いの実現に向けて，身近な人々，社会及び自然に自ら働きかけ，意欲や自信をもって学んだり生活を豊かにしたりしようとすることを繰り返し，それが安定的に行われるような態度を養うことを目指している。」と説明されている。

　この資質・能力を評価するに当たっては，

① 「粘り強さ」…思いや願いの実現に向かおうとしていること

② 「学習の調整」…状況に応じて自ら働きかけようとしていること

③ 「実感や自信」…意欲や自信をもって学んだり生活を豊かにしたりしようとすることを繰り返し，安定的に行おうとしていること

などを踏まえる必要がある。

　評価規準を作成する際は，以下を参考にすることが考えられる。

「主体的に学習に取り組む態度」に関する評価規準（例）

・評価規準の構造を「○○し，△△しようとしている」などとして作成する。

※　具体的な学習活動に即して，○○には①粘り強さ，②学習の調整，③実感や自信，に関して具体的に表したものを，△△には具体的な児童の姿を記述する。

第2章　学習評価に関する事例について

1　事例の特徴

　第1編第1章2（4）で述べた学習評価の改善の基本的な方向性を踏まえつつ，平成29年改訂学習指導要領の趣旨・内容の徹底に資する評価の事例を示すことができるよう，本参考資料における事例は，原則として以下のような方針を踏まえたものとしている。

○　単元に応じた評価規準の設定から評価の総括までとともに，児童生徒の学習改善及び教師の指導改善までの一連の流れを示している

　　本参考資料で提示する事例は，いずれも，単元の評価規準の設定から評価の総括までとともに，評価結果を児童の学習改善や教師の指導改善に生かすまでの一連の学習評価の流れを念頭においたものである（事例の一つは，この一連の流れを特に詳細に示している）。なお，観点別の学習状況の評価については，「おおむね満足できる」状況，「十分満足できる」状況，「努力を要する」状況と判断した児童の具体的な状況の例などを示している。「十分満足できる」状況という評価になるのは，児童が実現している学習の状況が質的な高まりや深まりをもっていると判断されるときである。

○　観点別の学習状況について評価する時期や場面の精選について示している

　　報告や改善等通知では，学習評価については，日々の授業の中で児童の学習状況を適宜把握して指導の改善に生かすことに重点を置くことが重要であり，観点別の学習状況についての評価は，毎回の授業ではなく原則として単元や題材など内容や時間のまとまりごとに，それぞれの実現状況を把握できる段階で行うなど，その場面を精選することが重要であることが示された。このため，観点別の学習状況について評価する時期や場面の精選について，「指導と評価の計画」の中で，具体的に示している。

○　評価方法の工夫を示している

　　児童の反応やノート，ワークシート，作品等の評価資料をどのように活用したかなど，評価方法の多様な工夫について示している。

2 各事例概要一覧と事例

事例1 キーワード　指導と評価の計画から評価の総括まで，三つの観点の評価，
1単元を1内容で構成した場合の評価①

「いきもの 大すき」（第2学年　内容(7)「動植物の飼育・栽培」）

　第2学年　内容(7)「動植物の飼育・栽培」を例として，指導と評価の計画の立案から評価の総括までの事例を紹介する。

　本事例は，内容(7)「動植物の飼育・栽培」の1内容から1単元を構成し，具体的な学習対象や活動に即して「具体的な内容のまとまりごとの評価規準（例）」を参考にするなどして評価規準を設定している。評価の計画として特に，指導と評価の計画，三つの観点と評価の実際，観点別評価結果の総括まで，一連の評価活動を取り上げることで，生活科における指導と評価の概要が把握できるようにした。

事例2 キーワード　「知識・技能」の評価，
1単元を1内容で構成した場合の評価②

「『思い出すごろく』をつくってあそぼう」（第1学年　内容(9)「自分の成長」）

　第1学年　内容(9)「自分の成長」の1内容から1単元を構成し，「知識・技能」の評価を行う事例を紹介する。生活科では，言葉での表現だけでなく，絵や動作，劇化などの多様な方法によって表現する活動が重視されている。これまで書きためてきたカードや，それを使ってすごろくをつくって遊ぶ活動の中で，行動観察や発言分析から「知識・技能」を評価する方法を紹介する。

事例3 キーワード　「思考・判断・表現」の評価，「主体的に学習に取り組む態度」の評価，
1単元を2内容で構成した場合の評価①

「あきとあそぼう」（第1学年　内容(5)「季節の変化と生活」，内容(6)「自然や物を使った遊び」）

　第1学年　内容(5)「季節の変化と生活」，内容(6)「自然や物を使った遊び」の2内容から1単元を構成し，「思考・判断・表現」，「主体的に学習に取り組む態度」の評価を行う事例を紹介する。中教審答申に示された学習指導要領改訂の具体的な方向性の一つである，具体的な活動や体験を通した思考力の発揮については，「見付ける」，「比べる」，「たとえる」，「試す」，「見通す」，「工夫する」などの多様な学習活動を行うことが期待されている。これについて，行動観察や表現物の分析から「思考・判断・表現」を多角的に捉える方法とともに，日常生活の様子までを含めた「主体的に学習に取り組む態度」を評価する方法を紹介する。

事例4 キーワード　「主体的に学習に取り組む態度」の評価，「思考・判断・表現」の評価，
1単元を2内容で構成した場合の評価②

「かぞくのにこにこ ふやし隊（たい）」（第2学年 内容(2)「家庭と生活」，内容(8)「生活や出来事の伝え合い」）

　第2学年　内容(2)「家庭と生活」，内容(8)「生活や出来事の伝え合い」の2内容から1単元を構成し，「主体的に学習に取り組む態度」，「思考・判断・表現」の評価を行う事例を紹介する。家庭での活動の様子の見取り方について，保護者からのコメントも参考にしながら，授業での行動観察や発言分析を基に「主体的に学習に取り組む態度」と「思考・判断・表現」を評価する方法を紹介する。

生活科　　事例１

キーワード　指導と評価の計画から評価の総括まで，三つの観点の評価，

　　　　　　１単元を１内容で構成した場合の評価①

単元名	内容のまとまり
いきもの　大すき	第２学年　内容⑺「動植物の飼育・栽培」

1　単元の目標

　モルモットを飼育する活動を通して，モルモットの変化や成長の様子に関心をもって働きかけ，モルモットに合った世話の仕方があることや生命をもっていることや成長していることに気付き，モルモットへの親しみをもち，生き物を大切にすることができるようにする。

2　単元の評価規準

		知識・技能	思考・判断・表現	主体的に学習に取り組む態度
単元の 評価規準		モルモットを飼育する活動を通して，モルモットに合った世話の仕方があることや生命をもっていることや成長していることに気付いている。	モルモットを飼育する活動を通して，モルモットの変化や成長の様子に関心をもって働きかけている。	モルモットを飼育する活動を通して，モルモットへの親しみをもち，生き物を大切にしようとしている。
小単元における評価規準	1	①モルモットの特徴，変化や成長の様子に気付いている。		①元気に育てたい，仲良くなりたいという思いや願いをもって，モルモットに関わろうとしている。
	2	②モルモットも自分たちと同じように生命をもっていること，成長すること，モルモットに合った世話の仕方があることに気付いている。 ③モルモットを適切な仕方で世話をしている。	①モルモットの変化や成長の様子に着目したり，モルモットの立場に立って関わり方を見直したりしながら，世話をしている。	②モルモットに心を寄せ，モルモットの様子に合わせて，繰り返し関わろうとしている。
	3	④モルモットへの親しみが増し，上手に世話ができるようになったことに気付いている。	②モルモットとの関わりを振り返りながら，世話をして気付いたことやモルモットへの思い，自分自身の成長を表現している。	③モルモットとの関わりが増したことに自信をもち，関わり続けようとしている。

本単元は，内容(7)「動植物の飼育・栽培」の1内容によって構成されている。本単元の中心的な学習対象・学習活動をモルモットの飼育とした上で，内容(7)の「内容のまとまりごとの評価規準」と「具体的な内容のまとまりごとの評価規準（例)」を参考に，単元の評価規準を設定した。

　第1小単元は，モルモットに関心をもつことと，これまでの動物の飼育体験を生かした様々な視点からのモルモットへの気付きを重視したいと考え，「知識・技能①」，及び「主体的に学習に取り組む態度①」の評価規準を設定した。なお，「知識・技能①」は第2小単元にかけて継続的に見取るものとして計画した。

　第2小単元は，本単元の中心となるモルモットの飼育活動であり，モルモットへの気付きを高めながら，モルモットに働きかけたり，状況に応じて関わり方や世話の仕方を変えながら飼育を継続したりする姿を見取る適切な評価機会を設定できることから，「知識・技能①②③」，「思考・判断・表現①」，「主体的に学習に取り組む態度②」の評価規準を設定した。なお，「知識・技能③」は，モルモットの飼育活動の過程で身に付ける習慣や技能として設定している。

　第3小単元は，上手に世話ができるようになったことへの気付きとともに，これまでのモルモットとの関わりを振り返り，世話をして気付いたことやモルモットへの思い，自分自身の成長を，自分なりの方法で表現することと，モルモットへの親しみやこれからも生き物を大切にしようとする態度の育成を重視したいと考え，「知識・技能④」，「思考・判断・表現②」，「主体的に学習に取り組む態度③」の評価規準を設定した。

3　指導と評価の計画（16時間）

小単元名 （時間）	学習活動	評価規準	評価方法
1 見てさわってなかよし大さくせん(4)	・3年生からモルモット飼育を依頼され，話し合う。 ・獣医師から，モルモットについての話を聞き，モルモットと関わる上で，気を付けなければならないことを知る。	態①	・行動観察や発言分析，観察カードの分析
	・モルモットに触れたり，えさを与えたり，一緒に遊んだりしながら，モルモットを観察する。	知①	・観察カードの分析，発言分析
2 お世話でなかよし大さくせん(7)	・モルモットの飼育環境やえさ，世話の仕方などを調べる。	知②	・発言分析，調べ活動のメモの分析
	・モルモットの様子に合わせて，世話の仕方を工夫する。　　　　　**具体的事例②**	思①	・行動観察，発言分析，モルモット日誌の分析
		知③	・行動観察やモルモットの世話の記録の分析，発言分析
	・モルモットを飼育して，気付いたことや感じたことを絵や文で表現したり，友達に伝えたりする。	知①	・観察カード及び短冊カードの分析，発言分析
	具体的事例①	態②	・行動観察や観察カードの分析，発言分析

3 ぼく・わたしとモルモット (5)	・これまでのモルモットの飼育活動を振り返る。	知④	・作品（モルモットの本）や発言分析
	・世話をして気付いたことやモルモットへの思い，自分自身の成長を，モルモットの本に表現する。	態③	・作品（モルモットの本）や発言分析，行動観察
	具体的事例③	思②	・作品（モルモットの本）や発言分析

4　観点別学習状況の評価の進め方

（1）知識・技能

　生活科では，思いや願いの実現に向けた活動や体験の過程において気付いたことについて評価を行うとともに，それらについて，「無自覚から自覚化された気付き」「関連付いた気付き」「自分自身への気付き」などのように気付きの質が高まっているかについて評価する。また，生活上必要な習慣や技能については，特定の習慣や技能を取り出して指導するのではなく，思いや願いを実現する過程において身に付けていくものであることに留意する。

具体的事例①　第２小単元　お世話でなかよし大さくせん

【学習活動】

　第１小単元で，児童はモルモットと仲良くなりたいという思いや願いをもち，実際にモルモットに触れたり，えさを与えたり一緒に遊んだりしながら，観察する活動を行う。

　児童は繰り返し触れ合う活動を行いながら，モルモットについての気付きを観察カードに記録していく。「ふわふわ」「あったかい」といった感触，「しっぽがない」「前足の指は４本，後ろ足の指は３本」などの身体的特徴，「鼻がぴくぴくしている」「かくれるのがすき」などの行動面の特徴，「マロンよりもメルの方がよく動き回る」「マロンは小松菜が好きだけど，メルはきゅうりが好き」など個々のモルモットの性格や嗜好など，様々な気付きの自覚と蓄積ができると考えた。また，全体で，モルモットについての気付きを全体で話し合いながら短冊カードに書き出し，比べたり分類したりして，モルモット掲示板に貼っていく活動も行う。これにより，気付きの共有や関連付けを促すことができると考え，学習活動を展開した。

【評価規準】

　この学習活動においては，「知識・技能」の評価規準を以下のように設定した上で，その評価規準における具体的な児童の姿を想定し，評価を行った。

〇知識・技能①

・モルモットの特徴，変化や成長の様子に気付いている。

　※　指導と評価の計画に示したように，第１小単元から第２小単元にかけて見取るので，モルモットの特徴に気付いていることに重点をおく。

〇具体的な児童の姿と評価方法

・感触，身体的特徴，行動面の特徴，性格や嗜好など，様々な視点から気付いたことを書いている。

・モルモットのしぐさや鳴き声など，気付いたことを詳しく書いたり発言したりしている。

・モルモットと自分の関わりについて，気付いたことを書いたり発言したりしている。

（いずれも，観察カードや短冊カードの分析，発言分析）

【評価結果と判断理由】

A児の例

○評価結果：B

○判断理由：

　A児は，学級のみんなで育てることになったモルモットのメル（オス・5才）に触れることに興味があり，なでたりえさを与えたりすることに意欲的に取り組んでいた。しかし，観察カードには「さわれてうれしかった。ふわふわだった。」「えさを食べてくれてうれしかった。」と，モルモットと触れ合った感想のみを記述していた。友達とモルモットについて発見したことを紹介し合う場を設定したが，次の観察カードの記述にもあまり変化は見られなかった。

　そこで，教師は，A児がメルと関わっているときに，教師が「例えば，犬とメルではどんなところが違うのかな。」と問いかけ，A児のメルへの気付きを言葉で引き出したり，価値付けたりするようにした。A児は，教師の問いかけに答えながら，「体が小さい。子猫ぐらいの大きさ。」「足が短い。」「しっぽがない。」など，メルの身体的特徴に気付き始めた。次第に，「あまり速く走れないけど，ときどき素早いときもある。」「すぐにかくれる。」といった行動面の気付きも観察カードに書くようになった。

　このように，A児は当初よりも様々な視点からメルの特徴に気付くことができるようになり，「努力を要する」状況から「おおむね満足できる」状況へと変容した。

B児の例

○評価結果：A

○判断理由

　B児は，モルモットを観察しながら，「チモシー（牧草）をたくさん食べるよ。ねこじゃらしみたいな部分が一番すきみたい。小松菜よりもきゅうりが好きだよ。」「いつもはよく動き回っているけれど，そばにいったら，新聞紙の下にもぐったよ。かくれるのが好きみたい。」と，観察カードに絵と文で気付いたことを記録していった。B児は，繰り返しメルに触ったり，えさを与えたりしながら，メルの感触，身体的特徴，行動面の特徴，性格や嗜好など，観察カード（評価資料ア）に様々な視点からの気付きを書くことができた。

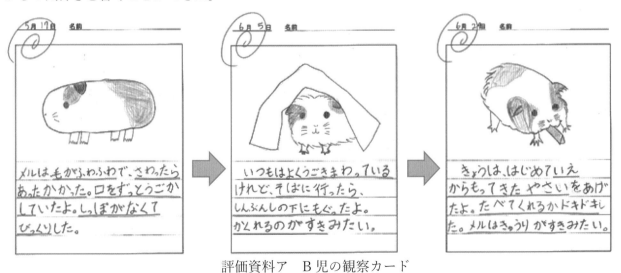

評価資料ア　B児の観察カード

また，ある日，B児がビニル袋を開けてえさを与えようとしたところ，メルがケージの柵を飛び越えたことがあった。B児は「えさがほしくてケージを飛び越えた。『メルメルジャンプ』だ。」とそばにいた友達に知らせていた。メルがケージを飛びこえたのは，自分がえさを与えようとした際のビニルの音に反応したためと考えたのである。教師がB児に，そのように考えた理由をたずねたところ，「前に〇〇さんが『ビニル袋の音がすると，メルは野菜がもらえると分かるんだ。』と言っていたから。」と答えた。

このように，B児はメルについて様々な視点から気付くことができており，加えて自分と他者の気付きが関連付けられ新たな気付きが生まれていることから，「十分満足できる」状況であると判断した。

（2）思考・判断・表現

生活科では，思いや願いの実現に向けて気付いたことを基に考え，気付きを確かなものとしたり，新たな気付きを得たりするようにするため，「見付ける」，「比べる」，「たとえる」，「試す」，「見通す」，「工夫する」などの思考が多様な学習活動の中で働いているかについて評価する。

具体的事例②　第2小単元　お世話でなかよし大さくせん

【学習活動】

第2小単元では，モルモットの変化や成長の様子から，どのように世話をすればよいのかを考えながら，えさやりや水替え，掃除などの飼育活動を行う。ここからは，4人程度のグループを編成し，当番を決めて，日常的な飼育活動をしていく。

飼育活動を始めたばかりの児童は手順通りに世話をすることだけで精一杯で，モルモットの様子に気を配ったり，モルモットの立場に立って世話をしたりするところまで思いが至っていない。しかし，継続的な飼育活動を通して，次第にモルモットにとって適切な飼育環境を知ったり，自分の世話とモルモットの変化や成長の様子を関連付けたりして，世話をすることができるようになると考え，学習活動を展開した。

【評価規準】

この学習活動においては，「思考・判断・表現」の評価規準を以下のように設定した上で，その評価規準における具体的な児童の姿を想定し，評価を行った。

○思考・判断・表現①

・モルモットの変化や成長の様子に着目したり，モルモットの立場に立って関わり方を見直したりしながら，世話をしている。

○具体的な児童の姿と評価方法

・モルモットの食べ具合を見て，えさの種類や量を調節している。

・モルモットの様子を見ながら，嫌がらないようになでたり，だっこをしたりしている。

・モルモットの立場に立って考え，モルモットが気持ちよく過ごせるように世話をしている。

・世話の過程で起きた問題の改善に向けて，世話の仕方を変えている。

・世話の仕方を獣医師や上級生に聞いたり本で調べたりしている。

（いずれも，行動観察，発言分析，モルモット日誌の分析）

【評価結果と判断理由】

C児の例

〇評価結果： A

〇判断理由

　C児は，当番としてメルの世話をしているときに，「足の裏が少し赤い」というこれまでとは違うメルの変化に気付いた。また，体重が1020ｇで他のモルモットよりも重いことから，「体重が重くて，足が痛いのかな」と考えた。学級のみんなに報告して話し合い，メルのストレスにならないくらいに運動させることになった。

　始めは，ケージの掃除をしている間にメルを走らせようとしたが，時間が短く，メルが動こうとしなかったりかくれてしまったりしたため上手くいかなかった。そこで，C児がみんなに，メルが動き回れる場所を広くするために，段ボールで柵を作り，毎日一定時間をその柵の中で過ごせるようにしてはどうか，と提案した。みんなで話し合い，獣医さんからのアドバイスも基にして考えた結果，C児の提案した方法を含めた３つの方法でメルのダイエットを試みることになった。C児は，近所のスーパーマーケットで段ボールをもらってきたり，段ボールの柵づくりでは率先して声を掛けたりしながら，友達と協力して柵を作り上げた。それから，毎日午前中に，メルをダンボールの柵の中で過ごさせるようにした。やがて，メルの体重は1000ｇを切り，足の裏の赤みも改善した。

　このように，C児はメルの足の裏や体重の変化に気付き，さらにその改善のために飼育環境を工夫していることから，「十分満足できる」状況であると判断した。

（３）主体的に学習に取り組む態度

　生活科では，思いや願いの実現に粘り強く向かおうとしているかどうか（粘り強さ），状況に応じて自ら働き掛けようとしているかどうか（学習の調整），意欲や自信をもって学んだり生活を豊かにしたりしようとすることを繰り返し，安定的に行おうとしているかどうか（実感や自信）という意思的な側面について評価する。

具体的事例③　第３小単元　ぼく・わたしとモルモット

【学習活動】

　第１・２小単元で，児童はモルモットのことを知ったり関わったりして，モルモットの立場に立った世話の仕方がだんだんできるようになってきた。第３小単元では，これまで学んだことや感じたことを盛り込んで，自分だけのモルモットの本を作る活動を行う。ここで児童は，これまでの自分とモルモットとの関わりを振り返ることになる。

　モルモットと関わり始めた頃の児童は，関わり方としてはやや自分本位な面が見られ，モルモットの立場に立った関わり方や世話の仕方にはなっていなかった。しかし，継続してモルモットと触れ合い，飼育活動を通して試行錯誤を続けるうちに，モルモットの側から考えられるようになったり，モルモットについて詳しくなったりして，上手に世話ができるようになったという自分自身の成長も感じることができた。

　これらのことをより実感できるようにするために，これまでの自分とモルモットとの関わりを振り返り，そこから学んだことや様々な活動を通して感じたことを表現したり，自分自身の成長にも気

付いたりする姿を期待して学習活動を展開した。

【評価規準】

　この学習活動においては，「主体的に学習に取り組む態度」の評価規準を以下のように設定した上で，その評価規準における具体的な児童の姿を以下のように想定し，評価を行った。

○主体的に学習に取り組む態度③

　・モルモットとの関わりが増したことに自信をもち，関わり続けようとしている。

○具体的な児童の姿と評価方法

　・モルモットとの関わりを通して得られた喜びや自信を表現している。

　・生き物に対して，これからも大切にしたり関わり続けたりしたいという気持ちを表現している。

（いずれも，モルモットの本の分析，発言分析，行動観察）

【評価結果と判断理由】

D児の例

○評価結果：A

○判断理由

　D児は，自分とメルとの関わりを振り返って，単元終末にモルモットの本を作成した。その中でD児は，右のように，長期にわたるメルとの関わりから，やってみよう，がんばろうという心が育ったことについて書いている。

　D児は，初めはモルモットのことを怖がっていて，それでも関わりたいという願いをもっていた。以前の昆虫の飼育単元での経験を思い出し，手袋を付けたら抱っこができるのではない

評価資料イ　D児のモルモットの本の一部

かと考え，実際にやってみるとできたことで自信をもち，関わることができた。このように，思いや願いの実現に向けて，粘り強く関わることができた。また，継続的に世話をする中で，手袋なしで抱っこしてみようという思いをもち，自ら手袋を外して抱っこを試みた。この姿には，自分の活動を見つめ直し，学習を調整しようする姿が認められる。

　さらに，D児は，休み時間にモルモットを見に来た1年生に対して，自分の経験を基に抱っこの仕方を説明していた。怖がる1年生には手袋をつけてモルモットを触ることを勧めたり，「慣れるとだっこできるようになるよ。」と励ましたりしていたのである。

　これらの作品や言動からは，メルのおかげで成長できた自分自身に気付き，モルモットとの関わりが増したことに自信をもち，これからも関わり続けようとしている姿を見取ることができる。さらに，「こんどはほかの生きものもさわってみたいです。」と，生き物に関わる意欲を一層高めていることから，「十分満足できる」状況であると判断した。

5 観点別学習状況の評価の総括

　資質・能力の育成の状況を適切に把握するためには，適切な評価規準を設定し，多様な評価方法を工夫するとともに，収集した評価情報を適切な時期にまとめ，その後の指導に生かしていくことが必要である。

　単元ごとに観点別の評価を総括するには，チェックリストなどの記録簿にある記録に基づいて判断した「小単元における評価規準」の評価結果を足し合わせていく方法が考えられる。また，「小単元における評価規準」に重み付けをして集計する方法も考えられる。いずれの場合にも，「単元の評価規準」に照らし合わせたり，単元における学習の位置付け，学習活動の長短及び実施段階などを勘案したりして，「小単元における評価規準」による評価結果に軽重をかけることが考えられる。

　「小単元における評価規準」は，「単元の評価規準」を分割して設定したものである。したがって，「小単元における評価規準」の評価結果を集計すれば単元の評価結果が得られると考えられる。一方，行動観察及び学習カードや作品の分析などが中心で，結果や出来栄えよりも活動や体験そのもの，つまり学習の過程が重要となる生活科の評価においては，分割したものを統合するという考えに留まらず，児童の学習状況を「単元の評価規準」に照らし，児童の学習状況の全体像（個人内の成長や多様性）を捉え直してみることも大切である。すなわち，単元全体を通しての児童の変容や成長の様子を捉える長期にわたる評価も重要である。さらに，授業時間外の児童の姿の変容にも目を向け，評価の対象に加えることが望まれる。

　単元の評価を行うには，それが簡便にできる，いわゆる集計簿などを作成しておくとよい。それについては，例えば，「小単元における評価規準」ごとに日々の評価結果を記録する表1，「小単元における評価規準」ごとにまとめられた評価結果を一覧できる表2などが考えられる。これは，学期末及び学年末の評価を行う際にも活用できる。なお，「小単元における評価規準」ごとの評価結果の総括をするには，表3に示した方法を考慮し，一人一人の児童の変容の姿を丁寧にとらえ，多面的に評価する方法も考えられる。

表1　日々の評価一覧（例）

小単元3（5）	知識・技能④		思考・判断・表現②			主体的に学習に取り組む態度③	
	1回目	2回目	1回目	2回目	3回目	1回目	2回目
A児	C	B	―	B	B	B	B
B児	―	A	B	A	A	―	A
C児	A	―	A	―	B	B	―
D児	B	A	―	B	A	―	A

表2　小単元ごとの評価一覧（例）

小単元の評価規準	知識・技能				思考・判断・表現		主体的に学習に取り組む態度		
	知①	知②	知③	知④	思①	思②	態①	態②	態③
A児	B	C	B	B	B	B	B	B	B
B児	A	B	A	A	A	A	A	B	A
C児	B	A	A	A	A	B	A	A	B
D児	B	B	B	A	B	A	B	B	A

評価の観点ごとの総括の仕方（例）

総括の考え方	具体的な例
全体の傾向を概観する。	・3つの小単元があった場合，A・B・Aなら「A」としたり，A＝3，B＝2，C＝1として，合計点や平均値で判断したりする。
単元における学習の位置付け，学習活動の長短及び実施段階などを勘案して重み付けをする。	・小単元①での評価期間が4時間，小単元②での評価期間が7時間，小単元③での評価期間が5時間ならば，小単元②での評価に重み付けをする。 ・「知識・技能」では小単元①の知①，「思考・判断・表現」では小単元②の思①，「主体的に学習に取り組む態度」では小単元③の態③に重み付けをする。
一人一人の変容した姿を考慮する。	・小単元①がB，小単元②がB，小単元③がAの場合，変容した姿や成果を加味して判断する。

生活科　　事例2

キーワード　「知識・技能」の評価，1単元を1内容で構成した場合の評価②

単元名	内容のまとまり
「思い出すごろく」をつくってあそぼう	第1学年　内容(9)「自分の成長」

1　単元の目標

　書きためてきた「思い出カード」をもとに「思い出すごろく」をつくって遊ぶ活動を通して，過去と現在の自分を比較し，自分自身が成長していることや様々な人が自分の成長を支えてくれていることに気付くとともに，これからの期待をもって意欲的に生活できるようにする。

2　単元の評価規準

		知識・技能	思考・判断・表現	主体的に学習に取り組む態度
単元の評価規準		書きためてきた「思い出カード」をもとに「思い出すごろく」をつくって遊ぶ活動を通して，自分自身が成長していることや様々な人が自分の成長を支えてくれていることに気付いている。	書きためてきた「思い出カード」をもとに「思い出すごろく」をつくって遊ぶ活動を通して，過去と現在の自分を比較している。	書きためてきた「思い出カード」をもとに「思い出すごろく」をつくって遊ぶ活動を通して，これからの期待をもって意欲的に生活しようとしている。
小単元における評価規準	1	①1年間の学校生活において，自分でできるようになったこと，役割が増えたことなどに気付いている。		①つくりたい「思い出すごろく」に合わせて，書きためた「思い出カード」から必要な出来事を選ぼうとしている。
	2	②友達と一緒に成長してきた自分自身や自分の成長を喜んでくれる友達の存在に気付いている。	①過去の自分と現在の自分を比べながら，自分らしさや成長し続ける自分を捉えている。	
	3	③優しい気持ち，友達や家族への思いやりなど，内面的な成長に気付いている。	②進級後の自分のことを思い描きながら，これからの生活について表現している。	②これまでの生活や成長を支えてくれた人々に感謝の気持ちをもち，意欲的に生活しようとしている。

　本単元は，内容(9)「自分の成長」の1内容によって単元が構成されている。本単元の中心的な学習対象・学習活動を，入学してからの出来事や自分の成長を綴った「思い出すごろく」とした上で，内容(9)の「内容のまとまりごとの評価規準」と「具体的な内容のまとまりごとの評価規準（例）」を参考に，単元の評価規準を設定した。

　第1小単元は，1年間の出来事やその時々において自分が成長してきたことに気付くことと，自分が思い描くすごろくの完成に向けて取り入れたい出来事を集めることを重視したいと考え，「知識・技能①」，及び「主体的に学習に取り組む態度①」の評価規準を設定した。

　第2小単元は，本単元の中心的な学習活動である「思い出すごろく」を使った遊びであり，すごろくを友達と楽しんだりメッセージを交換したりする活動を通して，新たな気付きを得たり友達との関わりを思い浮かべたりする機会となることが期待されることから，「知識・技能②」，及び「思考・

判断・表現①」の評価規準を設定した。

　第3小単元は，家庭で「思い出すごろく」を楽しむとともに家族などからもメッセージをもらう活動を通して，様々な人々の存在によって自分が成長し続けていることや，意欲や期待をもってこれからの生活を送ろうとする機会となることが期待されることから，「知識・技能③」，「思考・判断・表現②」，「主体的に学習に取り組む態度②」の評価規準を設定した。

3　指導と評価の計画

小単元名 （時間）	学習活動	評価 規準	評価方法
1 「思い出すごろく」をつくろう(4)	・頑張ったことやうれしかったことなどについて4月から書きためてきた「思い出カード」から，入学以降の出来事を振り返る。　**具体的事例①** ・「思い出カード」から特に思い出に残っている出来事を選び，それを月ごとの台紙に貼ってつなげ，「思い出すごろく」をつくる。	知① 態①	・行動観察，発言分析 ・行動観察，発言分析
2 「思い出すごろく」で友達と遊ぼう(4)	・グループごとに「思い出すごろく」で遊ぶ。 ・友達が選んだ思い出に対する感想を「メッセージカード」を書き，それを交換しながら伝え合う。　**具体的事例②** ・自分の「思い出すごろく」に貼る。 ※上記の活動の流れを繰り返して行う。	思① 知②	・行動観察，発言 ・行動観察，発言や表現物の分析
3 一年間の自分の成長を振り返ろう(3) ＋ ※家庭での活動	・家族やお世話になっている人と一緒に「思い出すごろく」を使って遊び，家族やお世話になっている人に「メッセージカード」を書いてもらう。　　　　（※家庭での活動） ・「メッセージカード」を自分の「思い出すごろく」に貼りながら気付いたことを友達と伝え合う。 ・自分の「思い出すごろく」や友達と家族やお世話になっている人に書いてもらった「メッセージカード」を見て，自分自身について振り返り，頑張りや成長を最後のマスに書く。	思② 知③ 態②	・発言や表現物の分析 ・発言や表現物の分析 ・発言や表現物の分析

4　観点別学習状況の評価の進め方

（1）知識・技能

具体的事例①　第1小単元　「思い出すごろく」をつくろう

【学習活動】

　第1小単元では，「思い出カード」から入学以降の出来事を振り返るとともに，その中から特に思い出に残っている出来事を選び，1枚の「思い出カード」を1コマとして，1年間の自分の成長をテーマにした「思い出すごろく」づくりを行う。

思い出カード

　低学年の児童にとって，自分の成長を頭の中だけで振り返ることは難しい。そこで具体的な手がかりとして，書きためてきた「思い出カード」を活用する。入学以来，児童は日々の学習活動や出来事について，そこで頑張ったことやうれしかったことなどの思いや気付きを自分の「思い出カード」に書いて蓄積してきた。その「思い出カード」を読み返し，そこから「思い出すごろく」をつくるためにカードを選ぶ中で，自分にとって意味がある出来事を改めて思い出し，自分の成長に気付くことを期待して，この学習活動を展開した。

【評価規準】

　この学習活動においては，「知識・技能①」の評価規準を以下のように設定した上で，その評価規準における具体的な児童の姿を以下のように想定し，評価を行った。

○知識・技能①

- ・1年間の学校生活において，自分でできるようになったこと，役割が増えたことなどに気付いている。

○具体的な児童の姿と評価方法

- ・一つ一つの「思い出カード」を読み返しながら，頑張った自分の姿を思い出している。
- ・複数の「思い出カード」をつなげて見ながら，自分の変化や成長について捉えている。
- ・「思い出カード」に書かれた出来事について友達と話しながら，できるようになったことを確かめ合っている。

（いずれも行動観察，発言分析）

【評価結果と判断理由】

A児の例

○評価結果：A

○判断理由

　A児は，書きためてきた「思い出カード」を1枚1枚手に取って，自分が書いた文章を声に出して読み，そのときのことを思い出していた。4月19日の授業参観についてのカードを読んでは，隣の席の友達に「ねえねえ，初めての授業参観ってドキドキしたよね。でも1回だけ手を挙げて発言できたんだ！」と話しかけたり，10月4日のいろいろな跳び方のカードを読んでは，「先生！私ね，幼稚園生の頃は怖くてなかなかジャンプできなかったんだ。でも小学校に入ったら，勇気を出してできる

ようになったんだよ。」と入学前後の自分を比べながら自分の成長に気付いたりしていた。

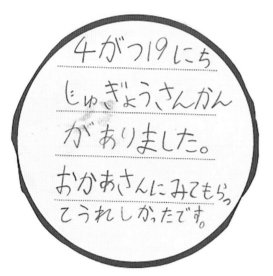

4月19日の「思い出カード」

４がつ19にち
じゅぎょうさんかん
がありました。
おかあさんにみてもらっ
てうれしかったです。

10月4日の「思い出カード」

10月4日
けんこうで、いろいろな
とびかたパート②をしました。
わたしがきにいったコースは
きのブロックのコースです。
たかくジャンプできてうれしかっ
たです。じょうずにたかくジャンプ
できてうれしかったから
3マスすすむ。

　ヤギの飼育に関係するカードには，とりわけ高い関心をもっていた。その数枚のカードを机の上に並べて，そのときの出来事を思い出しながら，近くの席の友達と楽しそうに話し合っていた。「ヤギさんが来たときは，ちょっと怖かったよね。」，「でも，一緒にお散歩をしたり，ヤギさんランドを作って遊んでもらったりするうちに，仲良くなったよ。」，「私もみんなも，ヤギさんのお世話が上手にできるようになった！」と話しながら，ヤギとの関わりや自分の成長を振り返っていた。「そういえば，昨日もヤギさんの新しいことが分かったんだよ。エサの食べ方を見ていると，どれくらい元気かが分かるようになったんだ！」と言いながら，「思い出カード」を書き足していた。

ヤギの飼育に関係するカード

６がつ13にち
ひまちゃん、らっきー、
きららとおうまだしこうえん
にいきました。やぎさん
がよもぎをいっぱいたべ
ていきました。おさんぽして
たのしかったです。

「思い出カード」を書き足すＡ児

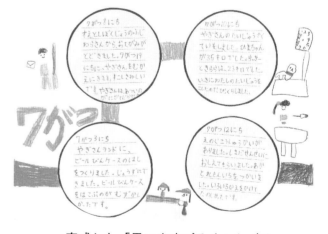

完成した「思い出すごろく」（一部）

このような行動や発言から，「思い出カード」の記述やそれを介した友達との会話などを手がかりに，頑張った自分の姿を思い出したり，自分の変化や成長についてとらえたりしながら，できるようになったことや役割や増えたことに気付いていると見取ることができる。さらには，お世話のみならず，その中でヤギの食事の様子に関する新たな気付きを書き加えて，お世話が上手になった自分に気付いていることも見取ることができる。このことから，「十分満足できる」状況であると判断した。

（2）知識・技能
具体的事例②　第2小単元　「思い出すごろく」で友達と遊ぼう
【学習活動】
　第2小単元は，それぞれが作った「思い出すごろく」を使って友達と遊ぶとともに，互いのすごろくに表現されたエピソードについての感想を「メッセージカード」の交換を通して伝え合う活動を行う。すごろくには，ゲーム性とともに，コマの内容にしたがって複数の他者と一緒に楽しむことができるよさがあり，「思い出すごろく」で遊ぶことは，自分や友達の成長の足跡を辿り直すことでもある。それを友達と一緒に行い，感想を伝え合うことで，互いの成長をともに喜び合えることが期待できる。そのことを通して，過去の自分と現在の自分を比べたり，自分の成長には友達の存在が大きかったことに気付いたりすることを目指し，「思い出すごろく」で友達と遊ぶ学習活動を展開した。

【評価規準】
　この学習活動においては，「知識・技能②」の評価規準を以下のように設定した上で，その評価規準における具体的な児童の姿を以下のように想定し，評価を行った。
○知識・技能②
　・友達と一緒に成長してきた自分自身や自分の成長を喜んでくれる友達の存在に気付いている。
○具体的な児童の姿と評価方法
　・「思い出すごろく」で遊びながら，そのマスに書かれている友達の成長に共感している。
　・「メッセージカード」を読みながら，自分の成長を喜んでくれる友達の存在に気付いている。
　・友達との交流を通して，自分の成長が新たに見付かったことを喜んでいる。
　・「メッセージカード」と「思い出カード」をつなげて考えながら，自分の成長には友達の励ましがあったことなどに気付いている。

（いずれも行動観察，発言や表現物の分析）

【評価結果と判断理由】
Ｂ児の例
○評価結果：Ｂ
○判断理由
　Ｂ児は，同じグループの友達と一緒に，それぞれがつくった「思い出すごろく」で楽しそうに遊んでいた。自分の駒が止まったマスに書いてある文章を読み，「ああ！こんなことあったよね！懐かしい！」，「そういえばＣ児は，前は算数が苦手だったんだよね。今は好きになったんだ！おめでとう！」とつぶやきながら，思い出を振り返ったり友達の成長を喜んだりしていた。
　自分のつくった「思い出すごろく」で遊んだあとに友達からもらった「メッセージカード」には，7月19日の鍵盤ハーモニカや8月24日の歌のことなど，音楽の学習に関係することが書かれてい

たものが多かった。入学したころのB児は音楽があまり好きではなく，苦手意識をもっていた。クラスの友達はそれを知っていたので，音楽に関係することを「メッセージカード」に書いたのである。D児からは「B児といっしょにれんしゅうしたから，ぼくも音がくがすきになりました。」，E児からは「あつくてあせがいっぱい出たけど，げん気にうたえるようにいっぱいがんばったよね！」と書かれた「メッセージカード」をもらって，うれしそうに読んでいた。読んだあとはその「メッセージカード」は，該当する「思い出カード」の近くに貼っていた。

「思い出すごろく」で遊ぶ様子

　このような行動や発言から，「思い出すごろく」で遊んだり「メッセージカード」を読んだりすることで，友達の成長に共感したり，自分の成長には友達の励ましがあったことや自分の成長を喜んでくれる友達がいることに気付いていると見取ることができる。このことから，「おおむね満足できる」状況であると判断した。

　なお，例えば，B児が友達からの「メッセージカード」を貼りながら，自分の成長における友達の存在やそのよさなどについて考えてそれを台紙に書き加えたり，友達との交流を通して，「思い出カード」には書いていなかった自分の成長に新たに気付いたりすることができると「十分満足できる」状況となると考えられる。そのため教師は，この後，すごろく遊びの様子を撮影した動画をもとに振り返る場を設けるとともに，気付いたことを書き加える時間を保障するなどの関わりをB児に対して行っている。

生活科　　事例3

キーワード　「思考・判断・表現」の評価，「主体的に学習に取り組む態度」の評価，
　　　　　　1単元を2内容で構成した場合の評価①

単元名	内容のまとまり
あきとあそぼう	第1学年　内容(5)「季節の変化と生活」 　　　　　　　内容(6)「自然や物を使った遊び」

1　単元の目標

　秋の自然を見付けたり遊んだりする活動を通して，秋とその他の季節との違いや特徴を見付けたり，遊びや遊びに使う物を工夫してつくったりして，秋の自然の様子や夏から秋への変化，それを利用した遊びの面白さに気付くとともに，季節の変化を取り入れ自分の生活を楽しくしたり，みんなと楽しみながら遊びを創り出そうとしたりすることができるようにする。

2　単元の評価規準

		知識・技能	思考・判断・表現	主体的に学習に取り組む態度
単元の 評価規準		秋の自然を見付けたり遊んだりする活動を通して，秋の自然の様子や夏から秋への変化，それを利用した遊びの面白さに気付いている。	秋の自然を見付けたり遊んだりする活動を通して，秋とその他の季節との違いや特徴を見付けたり，遊びや遊びに使う物を工夫してつくったりしている。	秋の自然を見付けたり遊んだりする活動を通して，季節の変化を取り入れ自分の生活を楽しくしたり，みんなと楽しみながら遊びを創り出そうとしたりしている。
小単元における評価規準	1	①校庭や公園の秋の自然の様子や特徴，夏から秋への移り変わりに気付いている。	①楽しみたい遊びを思い描きながら，校庭や公園の秋の自然の中から遊びに使う物を選んでいる。 ②諸感覚を生かして，校庭や公園の秋の自然に関わっている。	①秋の自然を楽しみたいという思いや願いをもって，校庭や公園の秋の自然と繰り返し触れ合おうとしている。
	2	②校庭や公園の秋の自然はいろいろな遊びに利用できることや，遊びを工夫したり遊びを創り出したりすることの面白さに気付いている。	③遊びの約束やルールなどを工夫しながら，遊んでいる。 ④比べたり，たとえたり，試したり，見通したりしながら，遊びを楽しんでいる。	②校庭や公園の秋の自然の様子や特徴に応じながら，それらと関わろうとしている。
	3	③みんなで楽しく遊ぶ際，道具や用具の準備や片付け，掃除，整理整頓をしている。 / ④遊びには約束やルールや大切なことやそれを守って遊ぶと楽しいことに気付いている。		③みんなで遊ぶと生活が楽しくなることを実感し，毎日の生活を豊かにしようとしている。

本単元は，内容(5)「季節の変化と生活」，内容(6)「自然や物を使った遊び」の２内容から１単元が構成されている。本単元の中心的な学習対象・学習活動を校庭や公園の秋の自然とその遊びとした上で，内容(5)と(6)の「内容のまとまりごとの評価規準」と「具体的な内容のまとまりごとの評価規準（例）」を参考に，単元の評価規準を設定した。

第１小単元は，内容(5)に重点を置き，秋の自然を楽しみたいという思いや願いをもって関わり，自分が使ってみたいものを見付けるなどする中で，秋の自然の様子や特徴，夏から秋への移り変わりにも気付くことを目指したいと考え，「知識・技能①」，「思考・判断・表現①②」，「主体的に学習に取り組む態度①」の評価規準を設定した。

第２小単元は，内容(6)に重点をおいた。本単元の中心的な学習活動である秋の自然や身近にある物を利用した遊びであり，配当時数も多いため，適切な評価機会を設定できることから，「知識・技能②」，「思考・判断・表現③④」，「主体的に学習に取り組む態度②」の評価規準を設定した。

第３小単元は，「あきまつり」をみんなで楽しんだり，単元の学習活動を振り返ったりすることによって，約束やルールがあると遊びが楽しくなることへの気付きやみんなで遊ぶと生活が楽しくなることの実感を重視したいと考え，「知識・技能③④」，及び「主体的に学習に取り組む態度③」の評価規準を設定した。なお，「知識・技能③④」の評価規準については，気付きの質の高まりの過程を大切にするとともに，日常生活も含めた一人一人の変化や成長を丁寧に見取ることが必要であることから，第２小単元から連続して評価するように設定した。

3　指導と評価の計画

小単元名 （時間）	学習活動	評価規準	評価方法
1 あきのたからものをみつけよう(5)	・校庭で秋見付けをする。 ・秋について知っていることや園などで経験したことのある遊びなどを出し合う。 ・校庭や公園などで秋見付けを繰り返し行ったり，気付いたことを自分なりの方法で表したりする。	態① 思① 知① 思②	・行動観察，発言分析 ・発言分析 ・行動観察，発言分析 ・行動観察，発言分析
2 あきのたからものでつくってあそぼう(8)	・秋の自然を利用して遊ぶ。 ・秋の自然や身近にある物を利用して，遊びや遊びに使う物を工夫して作ったり，作った物を使って遊んだりする。　**具体的事例①** 　　　　　　　　　**具体的事例②**	知② 思③ 思④ 態②	・行動観察，発言や振り返りの記述の分析 ・行動観察，発言や振り返りの記述の分析 ・行動観察，発言や表現物及び日記の分析 ・行動観察，発言や表現物及び日記の分析

3 あきのた からもの でみんな であそぼ う(4)	・「あきまつり」を開いて，みんなで楽しく遊ぶ。	知③	・行動観察
		知④	・行動観察，発言や振り返 り及び表現物の分析
	・これまでの活動を振り返り，秋の思い出や秋の 自然と自分との関わりなどについて，言葉や絵 で表現したり，伝え合ったりする。	態③	・行動観察，発言や表現物 及び日記の分析

4　観点別学習状況の評価の進め方

（1）思考・判断・表現

具体的事例①　第2小単元　あきのたからものでつくってあそぼう

【学習活動】

　第2小単元では，秋の自然を利用して遊ぶことを通して，してみたいことなどのイメージを広げ，秋の自然や身近にある物を利用して，遊びや遊びに使う物を工夫して作ったり，作った物を使って遊んだりすることを行う。見付けた秋の自然を使って遊びたい，自分たちの遊びをもっと楽しくしたいなどの思いや願いの実現に向けて，遊びに使う物を比べる，秋の自然を何かにたとえてごっこ遊びをする，何度も試行錯誤をする，こうしてみたらどうなるかなと見通すなどの学習活動が活発に行われる。その中では，気付いたことを基に考える，考えたことによって新たな気付きが生まれる，といったことが繰り返される。このような学習活動となるためには，教師の適切な言葉がけや環境構成の工夫などが求められる。こうした活動に取り組みながら，遊びを工夫したり，遊びに使う物を工夫してつくったりすることを期待して，たっぷりと作ったり遊んだりする学習活動を展開した。

【評価規準】

　この学習活動においては，「思考・判断・表現」の評価規準を以下のように設定した上で，その評価規準における具体的な児童の姿を以下のように想定し，評価を行った。

○思考・判断・表現④

　・比べたり，たとえたり，試したり，見通したりしながら，遊びを楽しんでいる。

○具体的な児童の姿と評価方法

　・遊びに使う物について，前回と今回，友達と自分などを比べながら，遊びを楽しんでいる。

　・因果関係などを見通すとともに，繰り返し試しながら，遊びを楽しんでいる。

　・秋の自然のよさを生かし，いろいろなものにたとえながら，遊びを楽しんでいる。

　・いろいろな約束やルールなどを試しながら，遊びを楽しんでいる。

（いずれも，行動観察，発言や振り返りの記述及び遊びに使う物の分析）

【評価結果と判断理由】

A児の例

○評価結果：A

○判断理由

　A児は，工作マットを並べ，的となる松ぼっくりや落ち葉を置いたその周りを空き箱で囲み，ドングリをはじいて的当てをする「ドングリボウリング」という遊びを考え，友達と遊んでいた。その遊びを始めた頃から，「松ぼっくりに当たったら1点にしよう。」，「ドングリの帽子の方が，小さいから，低い点数にしようよ。」，「それなら，松ぼっくりは5点で，ドングリの帽子を1点にしよう。」，「点数が高い物は，奥や隅の方に置こうよ。」，「的の前に，邪魔になる落ち葉を置いたら面白そうだよ。」などと友達と交流しながら遊び，的となる物や防ぐための物，それらを置く場所を比べながら考えたり，遊びをもっと楽しくするための点数を設定し，約束やルールを工夫して遊びを楽しくしたりしようとしていた（評価資料ア）。

評価資料ア　的などが並べられた様子

　また，「この飛ばし方なら奥まで届くかな？」，「こっちのドングリの方が，真っすぐに飛ぶかもしれない。」と予想し，ドングリをどのように弾くとねらったところに飛ばすことができるかを繰り返し試していた（評価資料イ）。

評価資料イ　「ドングリボウリング」で遊ぶ様子

　クラスで「あきまつり」を開くと決まってからは，「来てくれた人が何点だったかを書く表があると，終わったあとで1位が誰かが分かるよ。」と話しながら，友達の結果を記録するための点数表（評価資料ウ）を作っていた。教師が，「このお店に来た人は，どれに当てたら何点なのかを知っているのかな？」と尋ねると，「そうか！何に当てたら何点なのかを書いておかないと，お客さんが分からないね。」などと友達と話し合い，約束やルールや分かる説明書（評価資料エ）を作っていた。

評価資料ウ　結果を記録するための点数表

　このような行動や発言から，遊びに使う物を比べたり，遊び方などを繰り返し試したりすることに加え，約束やルールを示した説明書を作り，「ドングリボウリング」がより楽しくなるように考え，遊びを楽しんでいると見取ることができる。このことから，「十分満足できる」状況であると判断した。

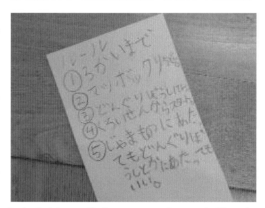

評価資料エ　約束やルールを示した説明書

（2）主体的に学習に取り組む態度

具体的事例②　第２小単元　あきのたからものでつくってあそぼう

【学習活動】

　第２小単元では，秋の自然を利用して遊ぶことを通して，してみたいことなどのイメージを広げ，秋の自然や身近にある物を利用して，遊びや遊びに使う物を工夫して作ったり，作った物を使って遊んだりすることを行う。第１～２小単元における秋の自然との関わりの中で，校庭や公園のどこにどのような秋の自然があるかが分かったり，秋の自然にはどのような特徴があるのかに気付いたりしてきている。そのような様子や特徴に応じながら，遊びや遊びに使う物に必要な秋の自然を進んで見付けたり，集めたりする学習活動を展開した。

【評価規準】

　この学習活動においては，「主体的に学習に取り組む態度」の評価規準を以下のように設定した上で，その評価規準における具体的な児童の姿を以下のように想定し，評価を行った。

〇主体的に学習に取り組む態度②

　・校庭や公園の秋の自然の様子や特徴に応じながら，それらと関わろうとしている。

〇具体的な児童の姿と評価方法

　・校庭や公園の様子に応じながら，遊びや遊びに使う物に必要な秋の自然を進んで見付けたり，集めたりしている。　　　　　　　　　　　　　　　　　　　（行動観察，発言や表現物及び日記の分析）

　・秋の自然の特徴に応じながら，遊びや遊びに使う物に必要な秋の自然を進んで見付けたり，集めたりしている。　　　　　　　　　　　　　　　　　　　（行動観察，発言や表現物及び日記の分析）

【評価結果と判断理由】

Ｂ児の例

〇評価結果：Ａ

〇判断理由

　Ｂ児は，第１小単元の秋見付けから，「おしゃれな色の落ち葉を見付けたい！」と言って色とりどりの落ち葉を集めたり，落ち葉がたくさん落ちている場所で足踏みをし，その音を楽しんだりするなど，非常に意欲的に活動に取り組み，秋の自然にも高い興味をもっていた。そのような関わりの中で，落ち葉はすぐに乾燥してパリパリになってしまうことに気付き，自分の遊びをより楽しくするためには，生活科の授業がある日の朝や，授業直前の休み時間に落ち葉を拾ってくる必要があると考えていた。登校するとすぐに担任のところに来て，「学校に行く途中で，こんなにきれいな落ち葉を見付けたよ。今日の生活科のときに使うんだ！」と落ち葉を見せに来たり，見付けた物を入れておく箱を進んで持ってきて，休み時間にたびたび友達を誘っては校庭や裏庭に出かけ，生活科の授業で自分が使いたい落ち葉などを探して集めたりしていた。授業では，実際にそれを使って遊びに使う物を作っていた（評価資料オ）。

評価資料オ　休み時間にも秋見付けをするＢ児

また，週の初めに提出する日記には，「今日は，家族で，□□公園に行きました。どうしてかというとドングリが，落ちているからです。やっぱり落ちていたので袋に入れました。学校に持っていって遊びたいです。」と書かれていた（評価資料カ）。秋の自然とたっぷりと関わる中で，どの公園のどの木の下にドングリがたくさん落ちているのかが分かり，それに応じて進んで活動しようとしていることが理解できる。実際に，週末に拾ったドングリを学校にたくさん持ってきて，ドングリゴマにして友達と遊びながら，どのドングリがよく回るかを試していた。

このような行動や発言，日記から，B児は校庭や公園の秋の自然の様子や特徴に応じながら，それらと進んで関わろうとしていること，さらには，日常においても秋の自然への関心をもって，別の公園に関わっていることを見取ることができる。

したがって，評価規準に照らして「十分満足できる」状況であると判断した。

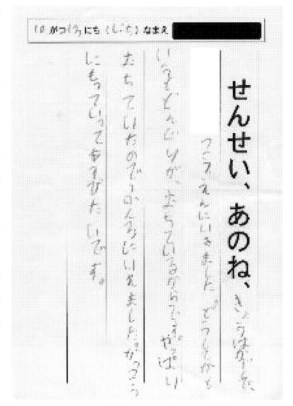

評価資料カ　B児の日記

生活科　　事例4

キーワード　「主体的に学習に取り組む態度」の評価，「思考・判断・表現」の評価，
　　　　　　１単元を２内容で構成した場合の評価②

単元名	内容のまとまり
かぞくのにこにこ　ふやし隊（たい）	第１学年　内容⑵「家庭と生活」 　　　　　内容⑻「生活や出来事の伝え合い」

1　単元の目標

　家族がにこにこになるための活動やそれを伝え合う活動を通して，家族のことや自分でできることを考えたり，伝えたいことや伝え方を選んだりして，家族の大切さや自分が家族によって支えられていること，家族と交流することのよさや楽しさが分かるとともに，自分の役割を積極的に果たし，規則正しく健康に気を付けて生活したり，進んで家族と触れ合ったりすることができるようにする。

2　単元の評価規準

		知識・技能	思考・判断・表現	主体的に学習に取り組む態度
単元の 評価規準		家族がにこにこになるための活動やそれを伝え合う活動を通して，家族の大切さや自分が家族によって支えられていること，家族と交流することのよさや楽しさが分かっている。	家族がにこにこになるための活動やそれを伝え合う活動を通して，家族のことや自分でできることを考えたり，伝えたいことや伝え方を選んだりしている。	家族がにこにこになるための活動やそれを伝え合う活動を通して，自分の役割を積極的に果たし，規則正しく健康に気を付けて生活したり，進んで家族と触れ合ったりしようとしている。
小単元における評価規準	1	①家庭の温かさや自分の役割に気付いている。	①家庭生活を思い起こし，家族のことや自分のこと，自分がしていることについて表現している。	
	2	②自分でできることが増える喜びや家庭での自分の役割，家族と交流することのよさや楽しさが分かっている。	②自分の作戦を振り返りながら，継続して取り組みたいことを決めている。	①家族がにこにこになってほしいという願いをもって，自分でできることに繰り返し取り組んだり進んで家族と交流したりしようとしている。
	3	③家族の大切さや自分が家族によって支えられていること，自分も家庭を構成する大切な一人であることに気付いている。	③これまでの自分の作戦について，目的などに応じて伝えたいことや伝え方を選んで紹介し合い，自分の役割を意識してこれから頑張りたいことなどを表現している。	②自分の役割を積極的に果たしたり，規則正しく健康に気を付けたりするようになった自分に自信をもって，生活しようとしている。

第3編
事例4

- 65 -

本単元は，内容⑵「家庭と生活」，内容⑻「生活や出来事の伝え合い」の2内容から1単元が構成されている。本単元の中心的な学習対象・学習活動を家族と自分との関わりやそれについての交流とした上で，内容⑵と内容⑻の「内容のまとまりごとの評価規準」と「具体的な内容のまとまりごとの評価規準（例)」を参考に，単元の評価規準を設定した。

　第1小単元は，自分や家族の生活の様子を思い起こしたり，家族がにこにこになるときを探したりする中で，家族のことや自分のこと，自分がしていることについて考えたり，家庭の温かさや自分の役割に気付いたりすることを重視したいと考え，「知識・技能①」，「思考・判断・表現①」の評価規準を設定した。

　第2小単元は，家族がにこにこになるための作戦を考えたり，継続して取り組みたいことを決めて実践したりして，自分でできることが増える喜びや家族と交流することのよさや楽しさなどが分かり，自分でできることに繰り返し取り組んだり進んで家族と交流したりしようとする姿が期待できると考え，「知識・技能②」，「思考・判断・表現②」，「主体的に学習に取り組む態度①」の評価規準を設定した。

　第3小単元は，家族がにこにこになるために自分が取り組んできたことを紹介し合い，これからの「にこにこせいかつ」について考えたり，これまでの活動全体を振り返ったりして，家族の大切さや自分が家族によって支えられていることなどに気付き，これからも家族のにこにこが続くように，自分の役割を積極的に果たしたり，規則正しく健康に気を付けたりすることを目指したいと考え，「知識・技能③」，「思考・判断・表現③」，「主体的に学習に取り組む態度②」の評価規準を設定した。

3　指導と評価の計画

小単元名 （時間）	学習活動	評価規準	評価方法
1 にこにこをさがそう⑷ ＋ ※家庭での取組	・自分や家族の生活の様子を思い起こし，友達と紹介し合う。 ・家族がにこにこになるのはどんな時かを調べる計画を立てる。 ・家族がどんな時ににこにこになるかを観察したりインタビューしたりする（※家庭での取組①） ・自分の家族のにこにこを友達と伝え合う。	思① 知①	・発言分析，ワークシート分析 ・発言分析，ワークシート分析
2 にこにこをふやそう⑶ ＋ ※家庭での取組	・家族がもっとにこにこになるための作戦を考える。 ・作戦を実行する（※家庭での取組②） ・家族がもっとにこにこになるための作戦を振り返り，継続して取り組みたいことを決める。 **具体的事例①** ・作戦を実行する（※家庭での取組③） ・継続して何度も取り組む中で工夫したことや気付いたことなどをまとめる。	思② 態① 知②	・発言分析，ワークシート分析 ・ワークシートや日記の分析， 　発言分析，行動観察 ・発言分析，ワークシート分析

3 これから のにこに こせいか つ(5)	・家族がもっとにこにこになるために自分が取り組んできたことを紹介し合い，これからの「にこにこせいかつ」について考える。 **具体的事例②** ・これまでの活動全体を振り返り，頑張ったことやこれから取り組みたいことをまとめたり伝え合ったりする。	知③ 思③ 態②	・発言分析，ワークシート分析 ・ワークシート分析，発言分析，行動観察 ・ワークシート分析，発言分析，行動観察

※家族構成や家庭生活の状況が多様であることなどに十分配慮し，適切な学習活動を行うようにする。

4　観点別学習状況の評価の進め方
（1）主体的に学習に取り組む態度
具体的事例①　第2小単元　にこにこを　ふやそう
【学習活動】

　第2小単元では，第1小単元の家族がにこにこになるのはどんな時かを調べる活動を受けて，家族がもっとにこにこになってほしいという思いや願いの実現のためにできることを考えて取り組む。

　児童は，家族がにこにこになることに向けて継続的に取り組む中で，家族の言葉を聞いて工夫したりだんだん上手になる喜びを感じたりする。そのために，家庭で取り組む時間と，それについて授業で考えたり振り返ったりする時間とを交互に設けることで，児童は家庭で取り組む中で工夫したことや気付いたこと，家族の言葉から考えたことなどを友達と共有し，次の活動への意欲を高めることができると考えた。これにより，家族をもっとにこにこにできた自分に自信をもつことができると考え，学習活動を展開した。

【評価規準】

　この学習活動においては，「主体的に学習に取り組む態度」の評価規準を以下のように設定した上で，その評価規準における具体的な児童の姿を以下のように想定し，評価を行った。

〇主体的に学習に取り組む態度①
・**家族がにこにこになってほしいという願いをもって，自分でできることに繰り返し取り組んだり進んで家族と交流したりしようとしている。**

〇具体的な児童の姿と評価方法
・自分でできることを見付けて，試行錯誤しながら粘り強く取り組んでいる。
・家族がにこにこになるための団らんの場を自分からつくろうとしている。
・家庭での取組について，進んで家族から感想を聞いたり自分の考えを伝えたりしている。

（いずれも，ワークシートや日記の分析，発言分析，行動観察）

第3編
事例4

【評価結果と判断理由】

A児の例

〇評価結果：B

〇判断理由

　A児は，家族がもっとにこにこになるために，普段手伝うことがあった洗濯物たたみのほかに，自分でできることを考えて，お風呂掃除や掃除機かけやなどの新しい仕事を試していた。

　お風呂を洗うときには，家族からスポンジに洗剤を付けてもらったことで，自分でもできそうだと分かり，続けてみたいという意欲を高めていた。他の仕事でも，「ありがとう」という家族からの感謝の言葉を聞いて喜びを感じ，自分でできることをさらに見付けようとしていた（評価資料ア）。

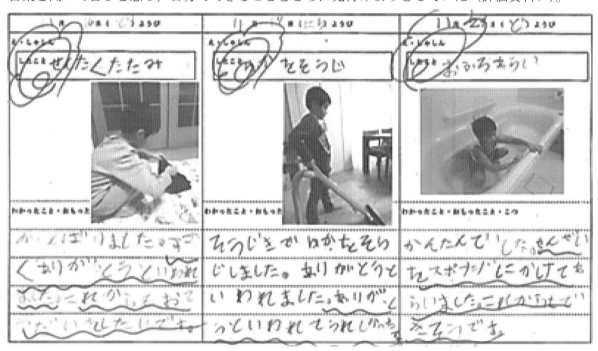

評価資料ア　A児の日記

また，継続して取り組むことに決めたお風呂掃除では，家の人に教えてもらった泡を残さないようにするための水の流し方に気を付けながら，続けて取り組んでいた（評価資料イ）。

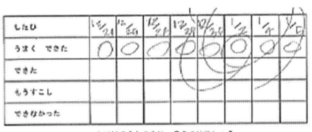

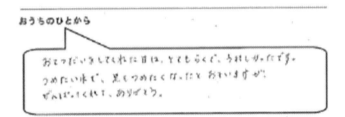

これらの発言やワークシート，行動から，A児は，家族がにこにこになってほしいという願いをもって，自分でできることに繰り返し取り組もうとする態度が育っていると捉えることができる。したがって，第2小単元の段階では，評価規準に対して「おおむね満足できる」状況であると判断した。

なお，例えば，A児が自分が選んだお風呂掃除の取り組み方に対して，進んで家族から感想を聞いて工夫して取り組んだり，家族の願いに気付いて毎日自分から続け

評価資料イ　A児のワークシート

たりすることができると，「十分満足できる」状況となると考えられることから，教師はA児が次回に向けて取り組む際に，家族の願いに触れることができるような家庭における関わりを促すようした。

（2）思考・判断・表現
具体的事例②　第3小単元「これからの　にこにこせいかつ」

【学習活動】

第3小単元では，家族がもっとにこにこになるために自分が取り組んできたことを「かぞくにこにこだいさくせんはっぴょうかい」で友達と紹介し合い，これから取り組みたいことを考える。

児童は，これまでの取組の中から自信のあるものを選んで伝えたり，友達から感想をもらったりすることで，自分の取組のよさを再発見する。その際，友達に分かりやすく伝えるために，写真や具体物の提示，動作化などいくつかの伝え方の中から，自分の伝えたいことに合わせて伝え方を選ぶ。友達の取組を知ることで，他にもやってみたいことを見付け，自分の生活に新たに取り入れようとする。これらの姿を期待して，学習活動を展開した。

【評価規準】

この学習活動においては，「思考・判断・表現」の評価規準を以下のように設定した上で，その評価規準における具体的な児童の姿を以下のように想定し，評価を行った。

○思考・判断・表現③
・これまでの自分の作戦について，目的などに応じて伝えたいことや伝え方を選んで紹介し合い，自分の役割を意識してこれから頑張りたいことなどを表現している。
○具体的な児童の姿と評価方法
・自分の作戦で工夫したところや頑張ったことを友達に伝えるために，伝えたいことや伝え方を選

んでいる。

・家庭生活における自分の役割を意識して，自分でできることや健康な生活をするための工夫など
を表現している。

（いずれも，ワークシート分析，発言分析，行動観察）

【評価結果と判断理由】

B児の例

○評価結果：A

○判断理由

　B児は，第3小単元の「かぞくにこにこだいさくせんはっぴょうかい」で，継続して取り組んでき
たマッサージについて発表することに決めた。初めは言葉だけで発表しようとしていたが，友達が実
物を持ってきて実演しながら発表しようとしている様子を見て，その方が工夫などを分かりやすく
伝えられることに気付いた。そこで，自分も同じような工夫ができないかと考え，大きなぬいぐるみ
を家族に見立てて足踏みマッサージの動きを再現することにした。どのようにマッサージをすると
相手が喜んでくれたかを思い出しながら，動きを再現する順序を考え，ワークシートに書き込んでい
た（評価資料ウ）。

　発表後，友達から「肩もみはしたことがあったけ
ど，踏んでするマッサージをしたことがないので
やってみたい」と言われ，B児は嬉しそうだった。

　「かぞくにこにこだいさくせんはっぴょうか
い」の後半では，家の人に言われてうれしかった言
葉を伝え合った。B児は「小学校に入る前は，病気
になりやすくて心配だったけど，1年生になって
毎日元気でいてくれて，家族のことまで考えてく
れるようになったなんて本当に嬉しいよ」と家族
に言われたことを紹介していた。どうしてその言
葉がうれしかったのかを問い返したところ，B児
は「家の人が，自分のマッサージを喜んでくれてい
るだけじゃなくて，元気でいることも喜んでくれ
たから。だから，これからももっと元気に生活でき
るようにしたいです」と言った。この発言から，自
分が健康でいることに加え，自分の成長が家族の
喜びにもつながっていることに気付き，家庭生活
における自分の役割を意識し始めていると捉える
ことができる。

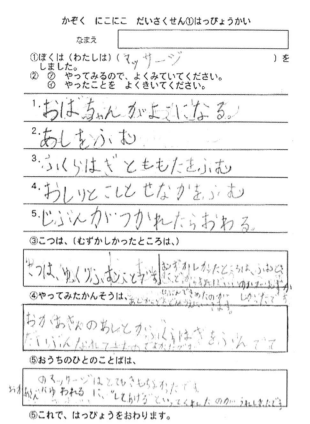

評価資料ウ　B児のワークシート

　こうした発言，行動，ワークシートから，自分の作戦について振り返りながら，継続して取り組ん
できたことを選び，それが分かりやすく伝わるように伝え方を工夫して紹介し合い，自分の役割を意
識してこれから頑張りたいことなどを表現しようとしていることを見取ることができる。したがっ
て，評価規準に照らして「十分満足できる」状況であると判断した。

巻末資料

小学校生活科における「内容のまとまりごとの評価規準（例）」及び「具体的な内容のまとまりごとの評価規準（例）」

1　教科の目標と評価の観点及びその趣旨

　具体的な活動や体験を通して，身近な生活に関わる見方・考え方を生かし，自立し生活を豊かにしていくための資質・能力を次のとおり育成することを目指す。

	（1）	（2）	（3）
目標	活動や体験の過程において，自分自身，身近な人々，社会及び自然の特徴やよさ，それらの関わり等に気付くとともに，生活上必要な習慣や技能を身に付けるようにする。	身近な人々，社会及び自然を自分との関わりで捉え，自分自身や自分の生活について考え，表現することができるようにする。	身近な人々，社会及び自然に自ら働きかけ，意欲や自信をもって学んだり生活を豊かにしたりしようとする態度を養う。

（小学校学習指導要領 P.112）

観点	知識・技能	思考・判断・表現	主体的に学習に取り組む態度
趣旨	活動や体験の過程において，自分自身，身近な人々，社会及び自然の特徴やよさ，それらの関わり等に気付いているとともに，生活上必要な習慣や技能を身に付けている。	身近な人々，社会及び自然を自分との関わりで捉え，自分自身や自分の生活について考え，表現している。	身近な人々，社会及び自然に自ら働きかけ，意欲や自信をもって学ぼうとしたり，生活を豊かにしたりしようとしている。

（改善等通知　別紙4　P.13）

巻末
資料

2 「内容のまとまりごとの評価規準（例）」及び「具体的な内容のまとまりごとの評価規準（例）」

内容(1) 学校と生活

学校生活に関わる活動を通して，学校の施設の様子や学校生活を支えている人々や友達，通学路の様子やその安全を守っている人々などについて考えることができ，学校での生活は様々な人や施設と関わっていることが分かり，楽しく安心して遊びや生活をしたり，安全な登下校をしたりしようとする。

知識及び技能の基礎	思考力，判断力，表現力等の基礎	学びに向かう力，人間性等
学校生活に関わる活動を通して，学校での生活は様々な人や施設と関わっていることが分かる。	学校生活に関わる活動を通して，学校の施設の様子や学校生活を支えている人々や友達，通学路の様子やその安全を守っている人々などについて考えることができる。	学校生活に関わる活動を通して，楽しく安心して遊びや生活をしたり，安全な登下校をしたりしようとする。

内容のまとまりごとの評価規準		
知識・技能	思考・判断・表現	主体的に学習に取り組む態度
学校生活に関わる活動を通して，学校での生活は様々な人や施設と関わっていることが分かっている。	学校生活に関わる活動を通して，学校の施設の様子や学校生活を支えている人々や友達，通学路の様子やその安全を守っている人々などについて考えている。	学校生活に関わる活動を通して，楽しく安心して遊びや生活をしたり，安全な登下校をしたりしようとしている。

学習指導要領解説生活編における内容に関する資質・能力の記載事項		
知識及び技能の基礎	思考力，判断力，表現力等の基礎	学びに向かう力，人間性等
関わりを深めた施設や人々について，それらの位置や働き，存在や役割などの特徴に気付き，それらと自分との関わりに気付くだけでなく，それらがみんなのためや安全な学校生活のためにあることの意味を見いだすことである。	児童が学校の施設の様子や学校生活を支えている人々や友達，通学路やその安全を守っている人々や，それらが自分とどのように関わっているかを考えることである。	学校の施設，先生や友達などに関心をもって関わろうとすること，思いや願いをもって施設を利用しようとすること，ルールやマナーを守って安全に登下校しようとすることなどである。

具体的な内容のまとまりごとの評価規準（例）		
知識・技能	思考・判断・表現	主体的に学習に取り組む態度
・学校の施設の位置や特徴，役割，学校を支えている人々の存在や働きなどが分かっている。 ・みんなで学校の施設を利用する楽しさやよさに気付いている。 ・学校の人々や施設がみんなのためや安全な学校生活のためにあることが分かっている。 ・通学路の様子や危険な箇所，安全を守っている施設や人々の存在が分かっている。 ・学校の施設を使用する際，みんなで気持ちよく使用するためのきまりやマナーを守っている。 ・登下校において，安全を意識して通学路を歩いている。	・学校の施設の位置や特徴を意識して，行ってみたい場所ややってみたいことを選んでいる。 ・学校の施設や人々との関わりを思い描きながら，利用の仕方やマナーについて考えたことを交流している。 ・学校の施設の利用の仕方やマナーについて考えたことを生かしながら，利用している。 ・毎日の登下校において自分たちの安全を守ってくれる人々を思い起こして，感謝の気持ちを表している。	・学校の施設をもっと知りたい，先生や友達などと親しくなりたいという思いをもって，それらと関わろうとしている。 ・学校の施設の利用の仕方やマナーに応じて，楽しく遊んだり生活したりしようとしている。 ・通学路の様子やその安全を守っている人々の存在を感じながら，安全な登下校をしようとしている。

内容(2) 家庭と生活

家庭生活に関わる活動を通して，家庭における家族のことや自分でできることなどについて考えることができ，家庭での生活は互いに支え合っていることが分かり，自分の役割を積極的に果たしたり，規則正しく健康に気を付けて生活したりしようとする。

知識及び技能の基礎	思考力，判断力，表現力等の基礎	学びに向かう力，人間性等
家庭生活に関わる活動を通して，家庭での生活は互いに支え合っていることが分かる。	家庭生活に関わる活動を通して，家庭における家族のことや自分でできることなどについて考えることができる。	家庭生活に関わる活動を通して，自分の役割を積極的に果たしたり，規則正しく健康に気を付けて生活したりしようとする。

内容のまとまりごとの評価規準		
知識・技能	思考・判断・表現	主体的に学習に取り組む態度
家庭生活に関わる活動を通して，家庭での生活は互いに支え合っていることが分かっている。	家庭生活に関わる活動を通して，家庭における家族のことや自分でできることなどについて考えている。	家庭生活に関わる活動を通して，自分の役割を積極的に果たしたり，規則正しく健康に気を付けて生活したりしようとしている。

学習指導要領解説生活編における内容に関する資質・能力の記載事項		
知識及び技能の基礎	思考力，判断力，表現力等の基礎	学びに向かう力，人間性等
家庭生活においてそれぞれのよさや果たしている仕事，役割があること，それらと自分との関わりに気付き，家庭での生活は互いを思い，助け合い，協力し合うことで成立していること，自分も家庭を構成している大切な一人であることが分かることである。	家族一人一人の存在や仕事，役割，家庭における団らんなどが，自分自身や自分の生活とどのように関わっているかを考えることである。	自分の生活を見つめ直すことを通して，自分の役割を自覚し進んで取り組んだり，生活のリズムや健康に気を付けた暮らしを継続していこうとしたりすることである。

具体的な内容のまとまりごとの評価規準（例）		
知識・技能	思考・判断・表現	主体的に学習に取り組む態度
・家庭生活には，それぞれの果たしている仕事や役割があることが分かっている。 ・家庭の温かさ，家族一人一人のよさが分かっている。 ・自分でできることや自分の役割に気付いている。 ・家族の大切さや自分が家族によって支えられていることに気付いている。 ・自分も家庭を構成している大切な一人であることに気付いている。 ・日常生活において，生活のリズムや健康を大切にしている。	・家庭生活を思い起こし，家族のことや自分のこと，自分がしていることについて表現している。 ・家族の存在や役割，喜ぶことを意識して，自分でできそうなことを集めている。 ・家庭生活におけるそれぞれの役割を見直しながら，自分の取り組み方を決めている。 ・家庭生活をよりよくするために取り組んだことを振り返りながら，友達と交流している。	・家族のためにという願いをもって，自分でできることに繰り返し取り組もうとしている。 ・家庭生活をよりよくするために自分の取組を見直しながら，自分の役割を果たそうとしている。 ・自分の役割を積極的に果たしたり，規則正しく健康に気を付けたりするようになった自分に自信をもって，生活しようとしている。

巻末
資料

内容(3) 地域と生活

地域と関わる活動を通して，地域の場所やそこで生活したり働いたりしている人々について考えることができ，自分たちの生活は様々な人や場所と関わっていることが分かり，それらに親しみや愛着をもち，適切に接したり安全に生活したりしようとする。		
知識及び技能の基礎	思考力，判断力，表現力等の基礎	学びに向かう力，人間性等
地域に関わる活動を通して，自分たちの生活は様々な人や場所と関わっていることが分かる。	地域に関わる活動を通して，地域の場所やそこで生活したり働いたりしている人々について考えることができる。	地域に関わる活動を通して，それらに親しみや愛着をもち，適切に接したり安全に生活したりしようとする。
内容のまとまりごとの評価規準		
知識・技能	思考・判断・表現	主体的に学習に取り組む態度
地域に関わる活動を通して，自分たちの生活は様々な人や場所と関わっていることが分かっている	地域に関わる活動を通して，地域の場所やそこで生活したり働いたりしている人々について考えている。	地域に関わる活動を通して，それらに親しみや愛着をもち，適切に接したり安全に生活したりしようとしている。
学習指導要領解説生活編における内容に関する資質・能力の記載事項		
知識及び技能の基礎	思考力，判断力，表現力等の基礎	学びに向かう力，人間性等
地域に出掛け，自分の身の回りには様々な場所があり様々な人たちが生活していること，そこには様々な仕事があり，それらの仕事に携わっている人たちがいること，それらの関係や，自分との関わりに気付くことである。	実際に地域に出掛け，地域で生活したり働いたりしている人々の姿を見たり話しを聞いたりするなどして，地域の場所や地域の人，それらが自分とどのように関わっているかを考えることである。	地域の人々や場所のよさに気付くとともに，それらを大切にする気持ちや地域に積極的に関わろうとする気持ちを一層強くもつことである。
具体的な内容のまとまりごとの評価規準（例）		
知識・技能	思考・判断・表現	主体的に学習に取り組む態度
・自分の身の回りには，様々な場所があり，そこには幼児や高齢者，障害のある人など多様な人々が生活していることが分かっている。 ・地域で生活したり働いたりしている人々や様々な場所が自分たちの生活を支えていることや，それらが自分と関わっていることが分かっている。 ・地域の親しみを感じる人々や愛着のある場所が増えたり，それらの人々や場所が自分たちの生活を楽しくしたりしていることに気付いている。 ・様々な人々に関わったりする際，相手や場に応じた挨拶や言葉遣いをしたり，訪問や連絡，依頼を適切に行ったりしている。	・地域の場所や人々を思い起こし，地域の様子について友達と交流している。 ・行きたい場所や会ってみたい人，してみたいことを思い描きながら，計画を立てている。 ・地域の場所におけるふさわしい行動を予想しながら，活動の計画を立てたり，約束を決めたりしている。 ・地域の場所や人々を自分の生活と関連付けながら，捉えている。 ・好きになった場所や親しくなった人々などのことを振り返りながら，友達や地域の人々などに知らせている。	・地域の場所や人々に関わることへの関心や期待をもちながら，それらと繰り返し関わろうとしている。 ・地域の場所や人々に応じて，適切に接したり安全に生活したりしようとしている。 ・地域の場所や人々への親しみや愛着をもって，それらのよさを大切にしようとしている。

内容(4) 公共物や公共施設の利用

公共物や公共施設を利用する活動を通して，それらのよさを感じたり働きを捉えたりすることができ，身の回りにはみんなで使うものがあることやそれらを支えている人々がいることなどが分かるとともに，それらを大切にし，安全に気をつけて正しく利用しようとしている。

知識及び技能の基礎	思考力，判断力，表現力等の基礎	学びに向かう力，人間性等
公共物や公共施設を利用する活動を通して，身の回りにはみんなが使うものがあることやそれらを支えている人々がいることなどが分かる。	公共物や公共施設を利用する活動を通して，それらのよさを感じたり働きを捉えたりすることができる。	公共物や公共施設を利用する活動を通して，それらを大切にし，安全に気を付けて正しく利用しようとする。

内容のまとまりごとの評価規準		
知識・技能	思考・判断・表現	主体的に学習に取り組む態度
公共物や公共施設を利用する活動を通して，身の回りにはみんなが使うものがあることやそれらを支えている人々がいることなどが分かっている。	公共物や公共施設を利用する活動を通して，それらのよさを感じたり働きを捉えたりしている。	公共物や公共施設を利用する活動を通して，それらを大切にし，安全に気を付けて正しく利用している。

学習指導要領解説生活編における内容に関する資質・能力の記載事項		
知識及び技能の基礎	思考力，判断力，表現力等の基礎	学びに向かう力，人間性等
生活の中にあるみんなで使うものの存在を，それらが目的に合わせて多様に存在することに気付くことである。	実際に公共物や公共施設を利用することでそれらのよさを実感し，役割や機能を自分や自分の生活とつなげて捉えることである。	公共物や公共施設を大切に扱い，安全で正しい利用をしていくことである。そのことに加えて，支えてくれる人々の思いや願いも大切にしながら，自分たちの生活に生かしていこうとすることである。

具体的な内容のまとまりごとの評価規準（例）		
知識・技能	思考・判断・表現	主体的に学習に取り組む態度
・身の回りにはみんなで使うものやみんなのための施設や場所があることが分かっている。 ・公共物や公共施設について，多くの人が利用していることやそれらを支えている人々がいることが分かっている。 ・ルールやマナーはみんなで気持ちよく利用するためにあること，安全に気を付けて正しく利用することが大切であることなどが分かっている。 ・公共物や公共施設を利用すると，自分たちの生活が楽しく豊かになることに気付いている。 ・公共物や公共施設を利用する際，ルールやマナーを守っている。	・みんなで使うものや場所を思い起こしながら，それらの特徴を捉えている。 ・行きたい場所やしてみたいことを思い描きながら，関わりたい公共物や公共施設を決めたり，計画を立てたりしている。 ・公共物や公共施設のよさを感じたり働きを捉えたりしながら，それらを利用している。 ・公共物や公共施設の利用を振り返り，見付けたよさや働きを公共施設を支えている人々などに知らせている。	・公共物や公共施設への関心や期待をもちながら，それらと繰り返し関わろうとしている。 ・公共物や公共施設の特徴に応じて，安全に気を付けて正しく利用しようとしている。 ・公共物や公共施設，それらを支えている人々に親しみや愛着をもち，大切にしようとしている。

巻末
資料

内容(5) 季節の変化と生活

身近な自然を観察したり，季節や地域の行事に関わったりするなどの活動を通して，それらの違いや特徴を見付けることができ，自然の様子や四季の変化，季節によって生活の様子が変わることに気付くとともに，それらを取り入れ自分の生活を楽しくしようとする。		

知識及び技能の基礎	思考力，判断力，表現力等の基礎	学びに向かう力，人間性等
身近な自然を観察したり，季節や地域の行事に関わったりするなどの活動を通して，自然の様子や四季の変化，季節によって生活の様子が変わることに気付く。	身近な自然を観察したり，季節や地域の行事に関わったりするなどの活動を通して，それらの違いや特徴を見付けることができる。	身近な自然を観察したり，季節や地域の行事に関わったりするなどの活動を通して，それらを取り入れ自分の生活を楽しくしようとする。

内容のまとまりごとの評価規準		
知識・技能	思考・判断・表現	主体的に学習に取り組む態度
身近な自然を観察したり，季節や地域の行事に関わったりするなどの活動を通して，自然の様子や四季の変化，季節によって生活の様子が変わることに気付いている。	身近な自然を観察したり，季節や地域の行事に関わったりするなどの活動を通して，それらの違いや特徴を見付けている。	身近な自然を観察したり，季節や地域の行事に関わったりするなどの活動を通して，それらを取り入れ自分の生活を楽しくしようとしている。

学習指導要領解説生活編における内容に関する資質・能力の記載事項		
知識及び技能の基礎	思考力，判断力，表現力等の基礎	学びに向かう力，人間性等
身近な自然の共通点や相違点，季節の移り変わりに気付いたり，季節の変化と自分たちの生活との関わりに気付いたりすることである。	身近な自然や行事に興味をもち，それらを観察したりそれらに関わったりすることを通して，そこには同じ性質や変化があること，異なる特徴や違いがあること，時間の変化や繰り返しがあること，などに注意を向け，自覚することである。	自然との触れ合いや行事との関わりの中で，気付いたことを毎日の生活に生かし，自分自身の暮らしを楽しく充実したものにしようとすることである。

具体的な内容のまとまりごとの評価規準（例）		
知識・技能	思考・判断・表現	主体的に学習に取り組む態度
・身近な自然の様子の共通点や違い，季節の移り変わりに気付いている。 ・自分たちの生活の中には，季節や地域にちなんだ行事があることに気付いている。 ・身近な自然と自分たちの生活とが結び付いていることに気付いている。 ・自分たちの生活は，季節によって様子が変わることに気付いている。	・諸感覚を生かして，身近な自然に関わっている。 ・四季の変化や季節の特徴を確かめながら，身近な自然を楽しんでいる。 ・季節による地域の特徴や人々の生活とのつながりを感じながら，地域の行事に関わっている。 ・季節は繰り返し変化していること，そのことは自分たちの生活とも関わっていることを振り返り，表現している。	・楽しみたいという思いや願いをもって，身近な自然と触れ合ったり地域の行事に参加したりしている。 ・身近な自然の様子や季節の特徴に応じながら，それらと関わろうとしている。 ・自分たちの生活が，身近な自然や季節の変化，地域の行事と関わっていることを実感し，それらを取り入れて生活を楽しくしようとしている。

内容(6) 自然や物を使った遊び

身近な自然を利用したり，身近にある物を使ったりするなどして遊ぶ活動を通して，遊びや遊びに使う物を工夫してつくることができ，その面白さや自然の不思議さに気付くとともに，みんなと楽しみながら遊びを創り出そうとする。		
知識及び技能の基礎	思考力，判断力，表現力等の基礎	学びに向かう力，人間性等
身近な自然を利用したり，身近にある物を使ったりするなどして遊ぶ活動を通して，その面白さや自然の不思議さに気付く。	身近な自然を利用したり，身近にある物を使ったりするなどして遊ぶ活動を通して，遊びや遊びに使う物を工夫してつくることができる。	身近な自然を利用したり，身近にある物を使ったりするなどして遊ぶ活動を通して，みんなと楽しみながら遊びを創り出そうとする。
内容のまとまりごとの評価規準		
知識・技能	思考・判断・表現	主体的に学習に取り組む態度
身近な自然を利用したり，身近にある物を使ったりするなどして遊ぶ活動を通して，その面白さや自然の不思議さに気付いている。	身近な自然を利用したり，身近にある物を使ったりするなどして遊ぶ活動を通して，遊びや遊びに使う物を工夫してつくっている。	身近な自然を利用したり，身近にある物を使ったりするなどして遊ぶ活動を通して，みんなと楽しみながら遊びを創り出そうとしている。
学習指導要領解説生活編における内容に関する資質・能力の記載事項		
知識及び技能の基礎	思考力，判断力，表現力等の基礎	学びに向かう力，人間性等
遊びや遊びに使う物を工夫してつくることで，児童が，遊びの面白さとともに，自然の不思議さにも気付くことができるようにすることである。	試行錯誤を繰り返しながら，遊び自体を工夫したり，遊びに使う物を工夫してつくったりして考えを巡らせることである。	自分と友達などとのつながりを大切にしながら，遊びを創り出し，毎日の生活を豊かにしていくことである。
具体的な内容のまとまりごとの評価規準 （例）		
知識・技能	思考・判断・表現	主体的に学習に取り組む態度
・身近な自然や物は，いろいろな遊びに利用できることに気付いている。 ・遊びの楽しさや遊びを工夫したり遊びを創り出したりする面白さに気付いている。 ・自然の中のきまり，自然の事象の不思議さに気付いている。 ・約束やルールが大切なことやそれを守って遊ぶと楽しいことに気付いている。 ・みんなで楽しく遊ぶ際，道具や用具の準備や片付け，掃除，整理整頓をしている。	・楽しみたい遊びを思い描きながら，遊びに使う物を選んでいる。 ・予想したり，確かめたり，見直したりしながら，遊びに使う物をつくったり遊んだりしている。 ・比べたり，試したり，見立てたりしながら，遊びを楽しんでいる。 ・遊びの約束やルールなどを工夫しながら，遊んでいる。 ・遊びを工夫したり，友達と楽しく遊んだりしたことを振り返り，表現している。	・みんなで楽しく遊びたいという願いをもち，粘り強く遊びを創り出そうとしている。 ・友達のよさを取り入れたり自分との違いを生かしたりして，遊びを楽しくしようとしている。 ・みんなで遊ぶと生活が楽しくなることを実感し，毎日の生活を豊かにしようとしている。

内容(7) 動植物の飼育・栽培

動物を飼ったり植物を育てたりする活動を通して，それらの育つ場所，変化や成長の様子に関心をもって働きかけることができ，それらは生命をもっていることや成長していることに気付くとともに，生き物への親しみをもち，大切にしようとする。

知識及び技能の基礎	思考力，判断力，表現力等の基礎	学びに向かう力，人間性等
動物を飼ったり植物を育てたりする活動を通して，それらは生命をもっていることや成長していることに気付く。	動物を飼ったり植物を育てたりする活動を通して，それらの育つ場所，変化や成長の様子に関心をもって働きかけることができる。	動物を飼ったり植物を育てたりする活動を通して，生き物への親しみをもち，大切にしようとする。

内容のまとまりごとの評価規準

知識・技能	思考・判断・表現	主体的に学習に取り組む態度
動物を飼ったり植物を育てたりする活動を通して，それらは生命をもっていることや成長していることに気付いている。	動物を飼ったり植物を育てたりする活動を通して，それらの育つ場所，変化や成長の様子に関心をもって働きかけている。	動物を飼ったり植物を育てたりする活動を通して，生き物への親しみをもち，大切にしようとしている。

学習指導要領解説生活編における内容に関する資質・能力の記載事項

知識及び技能の基礎	思考力，判断力，表現力等の基礎	学びに向かう力，人間性等
動植物の飼育・栽培を行う中で，動植物が変化し成長していることに気付き，生命をもっていることやその大切さに気付くことである。	動植物が育つ中でどのように変化し成長していくのか，どのような環境で育っていくのかについて興味や関心をもって，動植物に心を寄せ，よりよい成長を願って行為することである。	生き物に心を寄せ，愛着をもって接するとともに，生命あるものとして世話しようとすることである。

具体的な内容のまとまりごとの評価規準（例）

知識・技能	思考・判断・表現	主体的に学習に取り組む態度
・動植物の特徴，育つ場所，変化や成長の様子に気付いている。 ・育てている動植物に合った世話の仕方があることに気付いている。 ・生き物は生命をもっていることや成長していることに気付いている。 ・生き物への親しみが増し，上手に世話ができるようになったことに気付いている。 ・動植物の飼育・栽培において，その特徴に合わせた適切な仕方で世話をしている。	・動植物の特徴などを意識しながら，育ててみたい動植物を選んだり決めたりしている。 ・動植物の特徴，育つ場所，変化や成長の様子に着目して，観察したり世話をしたりしている。 ・動植物の立場に立って関わり方を見直しながら，世話をしている。 ・育ててきた動植物のことや心を寄せて世話をしてきたことなどを振り返り，表現している。	・よりよい成長を願って，繰り返し関わろうとしている。 ・動植物の特徴，育つ場所，変化や成長の様子に応じて，世話をしようとしている。 ・生き物に親しみや愛着をもったり，自分の関わりが増したことに自信をもったりしたことを実感し，生命あるものとして関わろうとしている。

内容(8) 生活や出来事の伝え合い

自分たちの生活や地域の出来事を身近な人々と伝え合う活動を通して，相手のことを想像したり伝えたいことや伝え方を選んだりすることができ，身近な人々と関わることのよさや楽しさが分かるとともに，進んで触れ合い交流しようとする。		
知識及び技能の基礎	思考力，判断力，表現力等の基礎	学びに向かう力，人間性等
自分たちの生活や地域の出来事を身近な人々と伝え合う活動を通して，身近な人々と関わることのよさや楽しさが分かる。	自分たちの生活や地域の出来事を身近な人々と伝え合う活動を通して，相手のことを想像したり伝えたいことや伝え方を選んだりすることができる。	自分たちの生活や地域の出来事を身近な人々と伝え合う活動を通して，進んで触れ合い交流しようとする。
内容のまとまりごとの評価規準		
知識・技能	思考・判断・表現	主体的に学習に取り組む態度
自分たちの生活や地域の出来事を身近な人々と伝え合う活動を通して，身近な人々と関わることのよさや楽しさが分かっている。	自分たちの生活や地域の出来事を身近な人々と伝え合う活動を通して，相手のことを想像したり伝えたいことや伝え方を選んだりしている。	自分たちの生活や地域の出来事を身近な人々と伝え合う活動を通して，進んで触れ合い交流しようとしている。
学習指導要領解説生活編における内容に関する資質・能力の記載事項		
知識及び技能の基礎	思考力，判断力，表現力等の基礎	学びに向かう力，人間性等
自分のことや伝えたいことが相手に伝わることや相手のことや相手が考えていることを理解できることのよさや楽しさが分かることである。また，双方向のやり取りを繰り返す中で，互いの気持ちがつながり，心が豊かになることも大切である。	相手のことを思い浮かべたり，相手の立場を気にかけたりするとともに，伝えたいことが相手に伝わるかどうかを判断して伝える内容や伝える方法を決めることである。	互いのことを理解しようと努力し，積極的に関わっていくことで，自ら協働的な関係を築いていこうとすることである。言語によらない関わりを含め，多様な方法によって能動的に関わり合っていこうとする態度を期待するものである。
具体的な内容のまとまりごとの評価規準（例）		
知識・技能	思考・判断・表現	主体的に学習に取り組む態度
・自分のことや伝えたいことが相手に伝わるよさや楽しさが分かっている。 ・相手のことや相手が伝えたいと考えていることを理解できるよさや楽しさが分かっている。 ・相手や目的に応じて，様々な伝え方があることに気付いている。 ・伝え合う活動において，適切な挨拶や言葉遣いをしている。	・誰に伝えるかを思い描きながら，伝えたいことを選んでいる。 ・相手や目的に応じて，伝え方を選んでいる。 ・これまでの体験を基に，相手のことを思い浮かべながら，伝え方を工夫している。	・自分たちの生活や地域の出来事を伝えたいという思いをもち，進んで触れ合い交流しようとしている。 ・相手の反応や状況に合わせて，多様な方法で伝えたいことや気持ちを表そうとしている。 ・身近な人々と関わることのよさや楽しさを実感し，多様な人々との関わりを自ら築いていこうとしている。

内容(9) 自分の成長

　自分自身の生活や成長を振り返る活動を通して，自分のことや支えてくれた人々について考えることができ，自分が大きくなったこと，自分でできるようになったこと，役割が増えたことなどが分かるとともに，これまでの生活や成長を支えてくれた人々に感謝の気持ちをもち，これからの成長への願いをもって，意欲的に生活しようとする。

知識及び技能の基礎	思考力，判断力，表現力等の基礎	学びに向かう力，人間性等
自分自身の生活や成長を振り返る活動を通して，自分が大きくなったこと，自分でできるようになったこと，役割が増えたことなどが分かる。	自分自身の生活や成長を振り返る活動を通して，自分のことや支えてくれた人々について考えることができる。	自分自身の生活や成長を振り返る活動を通して，これまでの生活や成長を支えてくれた人々に感謝の気持ちをもち，これからの成長への願いをもって意欲的に生活しようとする。

内容のまとまりごとの評価規準		
知識・技能	思考・判断・表現	主体的に学習に取り組む態度
自分自身の生活や成長を振り返る活動を通して，自分が大きくなったこと，自分でできるようになったこと，役割が増えたことなどが分かっている。	自分自身の生活や成長を振り返る活動を通して，自分のことや支えてくれた人々について考えている。	自分自身の生活や成長を振り返る活動を通して，これまでの生活や成長を支えてくれた人々に感謝の気持ちをもち，これからの成長への願いをもって意欲的に生活しようとしている。

学習指導要領解説生活編における内容に関する資質・能力の記載事項		
知識及び技能の基礎	思考力，判断力，表現力等の基礎	学びに向かう力，人間性等
体が大きくなるなどして心も体も成長したこと，技能が習熟し様々なことができるようになったこと，自分の役目が増え役目を果たすことができるようになったことなどに気付くことである。	現在の自分を見つめ，過去の自分と比べることで，自分らしさや成長し続ける自分を実感することである。また，自分の成長を支えてくれた様々な人の存在，自分の成長についての様々な人との関わりを明らかにすることである。	成長した自分を実感し，それを支えてくれた人に対する感謝の気持ちをもつとともに，成長の喜びが更なる成長を願う心につながっていくことである。それらは，それぞれの目標に向けて努力したり挑戦したりして主体的に関わるなど，意欲的に活動する姿になって現れてくる。

具体的な内容のまとまりごとの評価規準（例）		
知識・技能	思考・判断・表現	主体的に学習に取り組む態度
・自分が大きくなったこと，自分でできるようになったこと，役割が増えたことなどが分かっている。 ・自分の成長を支えてくれた人々の存在や自分との関わりに気付いている。 ・優しい気持ち，他者への思いやり，我慢する心など，内面的な成長に気付いている。 ・自分自身のよさや可能性に気付いている。	・具体的な手掛かりを見付けながら、過去の自分自身や出来事を振り返っている。 ・過去の自分と現在の自分を比べながら、自分の成長を捉えている。 ・それまでの生活や出来事を思い浮かべながら、自分らしさや成長し続ける自分を捉えている。 ・自分の成長を支えてくれた様々な人と自分との関わりを振り返り、表現している。 ・自分の成長への願いをもち、これからの生活について表現している。	・自分のことをもっと知りたいという思いをもって、自分の成長を振り返ろうとしている。 ・知りたいことに合わせて、必要な手掛かりを見付けたり集めたりしようとしている。 ・これまでの生活や成長を支えてくれた人々に感謝の気持ちをもち、意欲的に生活しようとしている。

評価規準，評価方法等の工夫改善に関する調査研究について

平成 31 年 2 月 4 日　国立教育政策研究所長裁定
平成 31 年 4 月 12 日　一　　部　　改　　正

1　趣　　旨

　学習評価については，中央教育審議会初等中等教育分科会教育課程部会において「児童生徒の学習評価の在り方について」（平成 31 年 1 月 21 日）の報告がまとめられ，新しい学習指導要領に対応した，各教科等の評価の観点及び評価の観点に関する考え方が示されたところである。

　これを踏まえ，各小学校，中学校及び高等学校における児童生徒の学習の効果的，効率的な評価に資するため，教科等ごとに，評価規準，評価方法等の工夫改善に関する調査研究を行う。

2　調査研究事項
（1）評価規準及び当該規準を用いた評価方法に関する参考資料の作成
（2）学校における学習評価に関する取組についての情報収集
（3）上記（1）及び（2）に関連する事項

3　実施方法

　調査研究に当たっては，教科等ごとに教育委員会関係者，教師及び学識経験者等を協力者として委嘱し，2 の事項について調査研究を行う。

4　庶　　務

　この調査研究にかかる庶務は，教育課程研究センターにおいて処理する。

5　実施期間

　平成 31 年 4 月 19 日〜令和 2 年 3 月 31 日

巻末
資料

評価規準，評価方法等の工夫改善に関する調査研究協力者（五十音順）

（職名は平成 31 年 4 月現在）

青池　智美　　　新潟市立浜浦小学校教諭

朝倉　　淳　　　安田女子大学教授

觀　　寿子　　　福井県福井市教育委員会指導主事

齊藤　　純　　　鎌倉女子大学准教授

久野　弘幸　　　名古屋大学准教授

松村　英治　　　東京都大田区立松仙小学校教諭

国立教育政策研究所においては，次の関係官が担当した。

渋谷　一典　　　国立教育政策研究所教育課程研究センター研究開発部教育課程調査官

この他，本書編集の全般にわたり，国立教育政策研究所において以下の者が担当した。

笹井　弘之　　　国立教育政策研究所教育課程研究センター長

清水　正樹　　　国立教育政策研究所教育課程研究センター研究開発部副部長

髙井　　修　　　国立教育政策研究所教育課程研究センター研究開発部研究開発課長

高橋　友之　　　国立教育政策研究所教育課程研究センター研究開発部研究開発課指導係長

奥田　正幸　　　国立教育政策研究所教育課程研究センター研究開発部研究開発課指導係専門職

森　　孝博　　　国立教育政策研究所教育課程研究センター研究開発部教育課程調査官

学習指導要領等関係資料について

　学習指導要領等の関係資料は以下のとおりです。いずれも，文部科学省や国立教育政策研究所のウェブサイトから閲覧が可能です。スマートフォンなどで閲覧する際は，以下の二次元コードを読み取って，資料に直接アクセスする事が可能です。本書と合わせて是非ご覧ください。

① 学習指導要領、学習指導要領解説　等
② 中央教育審議会答申「幼稚園、小学校、中学校、高等学校及び特別支援学校の学習指導要領等の改善及び必要な方策等について」(平成 28 年 12 月 21 日)
③ 中央教育審議会初等中等教育分科会教育課程部会報告「児童生徒の学習評価の在り方について」(平成 31 年 1 月 21 日)
④ 小学校，中学校，高等学校及び特別支援学校等における児童生徒の学習評価及び指導要録の改善等について(平成 31 年 3 月 29 日 30 文科初第 1845 号初等中等教育局長通知)
　　　　　　　　　　　※各教科等の評価の観点等及びその趣旨や指導要録(参考様式)は，同通知に掲載。
⑤ 学習評価の在り方ハンドブック(小・中学校編)(令和元年 6 月)
⑥ 学習評価の在り方ハンドブック(高等学校編)(令和元年 6 月)
⑦ 平成 29 年改訂の小・中学校学習指導要領に関する Q&A
⑧ 平成 30 年改訂の高等学校学習指導要領に関する Q&A
⑨ 平成 29・30 年改訂の学習指導要領下における学習評価に関する Q&A

① ② ③ ④ ⑤ ⑥ ⑦ ⑧ ⑨

学習評価の在り方ハンドブック

小・中学校編

文部科学省 国立教育政策研究所教育課程研究センター

学習指導要領

学習指導要領とは, 国が定めた「教育課程の基準」です。
（学校教育法施行規則第52条, 74条, 84条及び129条等より）

■学習指導要領の構成
〈小学校の例〉

総則は, 以下の項目で整理され,
全ての教科等に共通する事項が記載されています。
- 第1　小学校教育の基本と教育課程の役割
- 第2　教育課程の編成
- 第3　教育課程の実施と学習評価
- 第4　児童の発達の支援
- 第5　学校運営上の留意事項
- 第6　道徳教育に関する配慮事項

学習評価の
実施に当たっての
配慮事項

前文
第1章　総則
第2章　各教科
　　　　第1節　国語
　　　　第2節　社会
　　　　第3節　算数
　　　　第4節　理科
　　　　第5節　生活
　　　　第6節　音楽
　　　　第7節　図画工作
　　　　第8節　家庭
　　　　第9節　体育
　　　　第10節　外国語
第3章　特別の教科 道徳
第4章　外国語活動
第5章　総合的な学習の時間
第6章　特別活動

各教科等の目標, 内容等が記載されています。
（例）第1節　国語
- 第1　目標
- 第2　各学年の目標及び内容
- 第3　指導計画の作成と内容の取扱い

　平成29年改訂学習指導要領の各教科等の目標や内容は,
教育課程全体を通して育成を目指す資質・能力の三つの柱に
基づいて再整理されています。

ア　何を理解しているか, 何ができるか
　　（生きて働く「知識・技能」の習得）
イ　理解していること・できることをどう使うか（未知の状況にも
　　対応できる「思考力・判断力・表現力等」の育成）
ウ　どのように社会・世界と関わり, よりよい人生を送るか
　　（学びを人生や社会に生かそうとする「学びに向かう力・
　　人間性等」の涵養）

平成29年改訂「小学校学習指導要領」より
※中学校もおおむね同様の構成です。

詳しくは, 文部科学省Webページ「学習指導要領のくわしい内容」をご覧ください。
(http://www.mext.go.jp/a_menu/shotou/new-cs/1383986.htm)

学習指導要領解説

　学習指導要領解説とは，大綱的な基準である学習指導要領の記述の意味や解釈などの詳細について説明するために，文部科学省が作成したものです。

■学習指導要領解説の構成
〈小学校 国語編の例〉

●第1章　総説
- 1　改訂の経緯及び基本方針
- 2　国語科の改訂の趣旨及び要点

> 総説
> 改訂の経緯及び
> 基本方針

●第2章　国語科の目標及び内容
- 第1節　国語科の目標
  - 1　教科の目標
  - 2　学年の目標
- 第2節　国語科の内容
  - 1　内容の構成
  - 2　〔知識及び技能〕の内容
  - 3　〔思考力，判断力，表現力等〕の内容

●第3章　各学年の内容
- 第1節　第1学年及び第2学年の内容
  - 1　〔知識及び技能〕
  - 2　〔思考力，判断力，表現力等〕
- 第2節　第3学年及び第4学年の内容
  - 1　〔知識及び技能〕
  - 2　〔思考力，判断力，表現力等〕
- 第3節　第5学年及び第6学年の内容
  - 1　〔知識及び技能〕
  - 2　〔思考力，判断力，表現力等〕

●第4章　指導計画の作成と内容の取扱い
- 1　指導計画作成上の配慮事項
- 2　内容の取扱いについての配慮事項
- 3　教材についての配慮事項

●付録
- 付録1：学校教育施行規則（抄）
- 付録2：小学校学習指導要領　第1章　総則
- 付録3：小学校学習指導要領　第2章　第1節　国語
- 付録4：教科の目標，各学年の目標及び内容の系統表
  　　　　（小・中学校国語科）
- 付録5：中学校学習指導要領　第2章　第1節　国語
- 付録6：小学校学習指導要領　第2章　第10節　外国語
- 付録7：小学校学習指導要領　第4章　外国語活動
- 付録8：小学校学習指導要領　第3章　特別の教科　道徳
- 付録9：「道徳の内容」の学年段階・学校段階の一覧表
- 付録10：幼稚園教育要領

> 教科等の目標
> 及び内容の概要

> 参考
> （系統性等）

> 学年や
> 分野ごとの内容

> 指導計画作成や
> 内容の取扱いに係る配慮事項

「小学校学習指導要領解説 国語編」より
※中学校もおおむね同様の構成です。「総則編」，「総合的な学習の時間編」及び「特別活動編」は異なった構成となっています。

教師は，学習指導要領で定めた資質・能力が，児童生徒に確実に育成されているかを評価します

学習評価の基本的な考え方

　学習評価は,学校における教育活動に関し,児童生徒の学習状況を評価するものです。「児童生徒にどういった力が身に付いたか」という学習の成果を的確に捉え,**教師が指導の改善を図る**とともに,**児童生徒自身が自らの学習を振り返って次の学習に向かうことができるようにする**ためにも,学習評価の在り方は重要であり,教育課程や学習・指導方法の改善と一貫性のある取組を進めることが求められます。

▌カリキュラム・マネジメントの一環としての指導と評価

　各学校は,日々の授業の下で児童生徒の学習状況を評価し,その結果を児童生徒の学習や教師による指導の改善や学校全体としての教育課程の改善,校務分掌を含めた組織運営等の改善に生かす中で,学校全体として組織的かつ計画的に教育活動の質の向上を図っています。

　このように,「学習指導」と「学習評価」は学校の教育活動の根幹であり,教育課程に基づいて組織的かつ計画的に教育活動の質の向上を図る「カリキュラム・マネジメント」の中核的な役割を担っています。

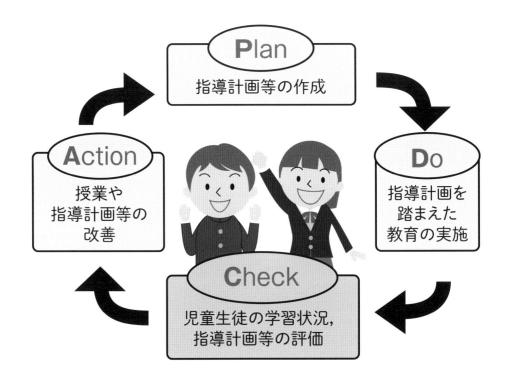

▌主体的・対話的で深い学びの視点からの授業改善と評価

　指導と評価の一体化を図るためには,児童生徒一人一人の学習の成立を促すための評価という視点を一層重視することによって,教師が自らの指導のねらいに応じて授業の中での児童生徒の学びを振り返り,学習や指導の改善に生かしていくというサイクルが大切です。平成29年改訂学習指導要領で重視している「主体的・対話的で深い学び」の視点からの授業改善を通して,各教科等における資質・能力を確実に育成する上で,学習評価は重要な役割を担っています。

☑ 教師の指導改善に
つながるものにしていくこと

☑ 児童生徒の学習改善に
つながるものにしていくこと

☑ これまで慣行として行われてきたことでも,
必要性・妥当性が認められないものは
見直していくこと

次の授業では
〇〇を重点的に
指導しよう。

〇〇のところは
もっと〜した方が
よいですね。

詳しくは, 平成31年3月29日文部科学省初等中等教育局長通知「小学校,中学校,高等学校及び特別支援学校等における児童生徒の学習評価及び指導要録の改善等について (通知)」をご覧ください。
(http://www.mext.go.jp/b_menu/hakusho/nc/1415169.htm)

コラム　　評価に戸惑う児童生徒の声

「先生によって観点の重みが違うんです。授業態度をとても重視する先生もいるし,テストだけで判断するという先生もいます。そうすると,どう努力していけばよいのか本当に分かりにくいんです。」(中央教育審議会初等中等教育分科会教育課程部会 児童生徒の学習評価に関するワーキンググループ第7回における高等学校3年生の意見より)

あくまでこれは一部の意見ですが,学習評価に対する児童生徒のこうした意見には,適切な評価を求める切実な思いが込められています。そのような児童生徒の声に応えるためにも,教師は,児童生徒への学習状況のフィードバックや,授業改善に生かすという評価の機能を一層充実させる必要があります。教師と児童生徒が共に納得する学習評価を行うためには,評価規準を適切に設定し,評価の規準や方法について,教師と児童生徒及び保護者で共通理解を図るガイダンス的な機能と,児童生徒の自己評価と教師の評価を結び付けていくカウンセリング的な機能を充実させていくことが重要です。

Column

学習評価の基本構造

平成29年改訂で, 学習指導要領の目標及び内容が資質・能力の三つの柱で再整理されたことを踏まえ, 各教科における観点別学習状況の評価の観点については, 「知識・技能」, 「思考・判断・表現」, 「主体的に学習に取り組む態度」の3観点に整理されています。

「学びに向かう力, 人間性等」には
①「主体的に学習に取り組む態度」として観点別評価(学習状況を分析的に捉える)を通じて見取ることができる部分と,
②観点別評価や評定にはなじまず, こうした評価では示しきれないことから個人内評価を通じて見取る部分があります。

各教科における評価の基本構造

| 学習指導要領に示す目標や内容 | 知識及び技能 | 思考力, 判断力, 表現力等 | 学びに向かう力, 人間性等 |

観点別学習状況評価の各観点
- 観点ごとに評価し, 児童生徒の学習状況を分析的に捉えるもの
- 観点ごとにABCの3段階で評価

知識・技能　思考・判断・表現　感性, 思いやり　など　主体的に学習に取り組む態度

評定
- 観点別学習状況の評価の結果を総括するもの。
- 5段階で評価(小学校は3段階。小学校低学年は行わない)

個人内評価
- 観点別学習状況の評価や評定には示しきれない児童生徒の一人一人のよい点や可能性, 進歩の状況について評価するもの。

各教科等における学習の過程を通した知識及び技能の習得状況について評価を行うとともに, それらを既有の知識及び技能と関連付けたり活用したりする中で, 他の学習や生活の場面でも活用できる程度に概念等を理解したり, 技能を習得したりしているかを評価します。

各教科等の知識及び技能を活用して課題を解決する等のために必要な思考力, 判断力, 表現力等を身に付けているかどうかを評価します。

知識及び技能を獲得したり, 思考力, 判断力, 表現力等を身に付けたりするために, 自らの学習状況を把握し, 学習の進め方について試行錯誤するなど自らの学習を調整しながら, 学ぼうとしているかどうかという意思的な側面を評価します。

個人内評価の対象となるものについては, 児童生徒が学習したことの意義や価値を実感できるよう, 日々の教育活動等の中で児童生徒に伝えることが重要です。特に, 「学びに向かう力, 人間性等」のうち「感性や思いやり」など児童生徒一人一人のよい点や可能性, 進歩の状況などを積極的に評価し児童生徒に伝えることが重要です。

詳しくは, 平成31年1月21日文部科学省中央教育審議会初等中等教育分科会教育課程部会「児童生徒の学習評価の在り方について(報告)」をご覧ください。
(http://www.mext.go.jp/b_menu/shingi/chukyo/chukyo3/004/gaiyou/1412933.htm)

特別の教科 道徳, 外国語活動, 総合的な学習の時間及び特別活動の評価について

特別の教科 道徳, 外国語活動（小学校のみ）, 総合的な学習の時間, 特別活動についても, 学習指導要領で示したそれぞれの目標や特質に応じ, 適切に評価します。なお, 道徳科の評価は, 入学者選抜の合否判定に活用することのないようにする必要があります。

特別の教科 道徳（道徳科）

児童生徒の人格そのものに働きかけ, 道徳性を養うことを目標とする道徳科の評価としては, 観点別評価は妥当ではありません。授業において児童生徒に考えさせることを明確にして, 「道徳的諸価値についての理解を基に, 自己を見つめ, 物事を（広い視野から）多面的・多角的に考え, 自己の（人間としての）生き方についての考えを深める」という学習活動における児童生徒の具体的な取組状況を, 一定のまとまりの中で, 児童生徒が学習の見通しを立てたり学習したことを振り返ったりする活動を適切に設定しつつ, 学習活動全体を通して見取ります。

外国語活動（小学校のみ）

評価の観点については, 学習指導要領に示す「第1目標」を踏まえ, 右の表を参考に設定することとしています。この3つの観点に則して児童の学習状況を見取ります。

知識・技能	思考・判断・表現	主体的に学習に取り組む態度
●外国語を通して, 言語や文化について体験的に理解を深めている。 ●日本語と外国語の音声の違い等に気付いている。 ●外国語の音声や基本的な表現に慣れ親しんでいる。	身近で簡単な事柄について, 外国語で聞いたり話したりして自分の考えや気持ちなどを伝え合っている。	外国語を通して, 言語やその背景にある文化に対する理解を深め, 相手に配慮しながら, 主体的に外国語を用いてコミュニケーションを図ろうとしている。

総合的な学習の時間

評価の観点については, 学習指導要領に示す「第1目標」を踏まえ, 各学校において具体的に定めた目標, 内容に基づいて, 右の表を参考に定めることとしています。この3つの観点に則して児童生徒の学習状況を見取ります。

知識・技能	思考・判断・表現	主体的に学習に取り組む態度
探究的な学習の過程において, 課題の解決に必要な知識や技能を身に付け, 課題に関わる概念を形成し, 探究的な学習のよさを理解している。	実社会や実生活の中から問いを見いだし, 自分で課題を立て, 情報を集め, 整理・分析して, まとめ・表現している。	探究的な学習に主体的・協働的に取り組もうとしているとともに, 互いのよさを生かしながら, 積極的に社会に参画しようとしている。

特別活動

特別活動の特質と学校の創意工夫を生かすということから, 設置者ではなく, 各学校が評価の観点を定めることとしています。その際, 学習指導要領に示す特別活動の目標や学校として重点化した内容を踏まえ, 例えば以下のように, 具体的に観点を示すことが考えられます。

特別活動の記録								
内容	観点 ＼ 学年		1	2	3	4	5	6
学級活動	よりよい生活を築くための知識・技能		○		○	○	○	
児童会活動	集団や社会の形成者としての思考・判断・表現			○	○		○	
クラブ活動	主体的に生活や人間関係をよりよくしようとする態度					○		
学校行事				○	○	○	○	

各学校で定めた観点を記入した上で, 内容ごとに, 十分満足できる状況にあると判断される場合に, ○印を記入します。

○印をつけた具体的な活動の状況等については, 「総合所見及び指導上参考となる諸事項」の欄に簡潔に記述することで, 評価の根拠を記録に残すことができます。

小学校児童指導要録（参考様式）様式2の記入例（5年生の例）

なお, 特別活動は学級担任以外の教師が指導する活動が多いことから, 評価体制を確立し, 共通理解を図って, 児童生徒のよさや可能性を多面的・総合的に評価するとともに, 確実に資質・能力が育成されるよう指導の改善に生かすことが求められます。

観点別学習状況の評価について

　観点別学習状況の評価とは，学習指導要領に示す目標に照らして，その実現状況がどのようなものであるかを，観点ごとに評価し，児童生徒の学習状況を分析的に捉えるものです。

▌「知識・技能」の評価の方法

　「知識・技能」の評価の考え方は，従前の評価の観点である「知識・理解」，「技能」においても重視してきたところです。具体的な評価方法としては，例えばペーパーテストにおいて，事実的な知識の習得を問う問題と，知識の概念的な理解を問う問題とのバランスに配慮するなどの工夫改善を図る等が考えられます。また，児童生徒が文章による説明をしたり，各教科等の内容の特質に応じて，観察・実験をしたり，式やグラフで表現したりするなど実際に知識や技能を用いる場面を設けるなど，多様な方法を適切に取り入れていくこと等も考えられます。

▌「思考・判断・表現」の評価の方法

　「思考・判断・表現」の評価の考え方は，従前の評価の観点である「思考・判断・表現」においても重視してきたところです。具体的な評価方法としては，ペーパーテストのみならず，論述やレポートの作成，発表，グループや学級における話合い，作品の制作や表現等の多様な活動を取り入れたり，それらを集めたポートフォリオを活用したりするなど評価方法を工夫することが考えられます。

▌「主体的に学習に取り組む態度」の評価の方法

　具体的な評価方法としては，ノートやレポート等における記述，授業中の発言，教師による行動観察や，児童生徒による自己評価や相互評価等の状況を教師が評価を行う際に考慮する材料の一つとして用いることなどが考えられます。その際，各教科等の特質に応じて，児童生徒の発達の段階や一人一人の個性を十分に考慮しながら，「知識・技能」や「思考・判断・表現」の観点の状況を踏まえた上で，評価を行う必要があります。

「主体的に学習に取り組む態度」の評価のイメージ

○「主体的に学習に取り組む態度」の評価については、①知識及び技能を獲得したり、思考力、判断力、表現力等を身に付けたりすることに向けた粘り強い取組を行おうとする側面と、②①の粘り強い取組を行う中で、自らの学習を調整しようとする側面、という二つの側面から評価することが求められる。

○これら①②の姿は実際の教科等の学びの中では別々ではなく相互に関わり合いながら立ち現れるものと考えられる。例えば、自らの学習を全く調整しようとせず粘り強く取り組み続ける姿や、粘り強さが全くない中で自らの学習を調整する姿は一般的ではない。

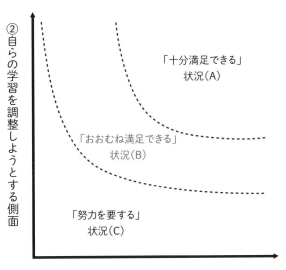

②自らの学習を調整しようとする側面

「十分満足できる」
状況(A)

「おおむね満足できる」
状況(B)

「努力を要する」
状況(C)

①粘り強い取組を行おうとする側面

　ここでの評価は、その学習の調整が「適切に行われるか」を必ずしも判断するものではなく、学習の調整が知識及び技能の習得などに結びついていない場合には、教師が学習の進め方を適切に指導することが求められます。

「自らの学習を調整しようとする側面」とは…

　自らの学習状況を把握し、学習の進め方について試行錯誤するなどの意思的な側面のことです。評価に当たっては、児童生徒が自らの理解の状況を振り返ることができるような発問の工夫をしたり、自らの考えを記述したり話し合ったりする場面、他者との協働を通じて自らの考えを相対化する場面を、単元や題材などの内容のまとまりの中で設けたりするなど、「主体的・対話的で深い学び」の視点からの授業改善を図る中で、適切に評価できるようにしていくことが重要です。

コラム

「主体的に学習に取り組む態度」は、「関心・意欲・態度」と同じ趣旨ですが…
～こんなことで評価をしていませんでしたか？～

　平成31年1月21日文部科学省中央教育審議会初等中等教育分科会教育課程部会「児童生徒の学習評価の在り方について（報告）」では、学習評価について指摘されている課題として、「関心・意欲・態度」の観点について「学校や教師の状況によっては、挙手の回数や毎時間ノートを取っているかなど、性格や行動面の傾向が一時的に表出された場面を捉える評価であるような誤解が払拭し切れていない」ということが指摘されました。これを受け、従来から重視されてきた各教科等の学習内容に関心をもつことのみならず、よりよく学ぼうとする意欲をもって学習に取り組む態度を評価するという趣旨が改めて強調されました。

Column

学習評価の充実

学習評価の妥当性, 信頼性を高める工夫の例

- 評価規準や評価方法について,事前に教師同士で検討するなどして明確にすること,評価に関する実践事例を蓄積し共有していくこと,評価結果についての検討を通じて評価に係る教師の力量の向上を図ることなど,学校として組織的かつ計画的に取り組む。
- 学校が児童生徒や保護者に対し,評価に関する仕組みについて事前に説明したり,評価結果について丁寧に説明したりするなど,評価に関する情報をより積極的に提供し児童生徒や保護者の理解を図る。

評価時期の工夫の例

- 日々の授業の中では児童生徒の学習状況を把握して指導に生かすことに重点を置きつつ,各教科における「知識・技能」及び「思考・判断・表現」の評価の記録については,原則として単元や題材などのまとまりごとに,それぞれの実現状況が把握できる段階で評価を行う。
- 学習指導要領に定められた各教科等の目標や内容の特質に照らして,複数の単元や題材などにわたって長期的な視点で評価することを可能とする。

学年や学校間の円滑な接続を図る工夫の例

- 「キャリア・パスポート」を活用し,児童生徒の学びをつなげることができるようにする。
- 小学校段階においては,幼児期の教育との接続を意識した「スタートカリキュラム」を一層充実させる。
- 高等学校段階においては,入学者選抜の方針や選抜方法の組合せ,調査書の利用方法,学力検査の内容等について見直しを図ることが考えられる。

評価方法の工夫の例

全国学力・学習状況調査
（問題や授業アイディア例）を参考にした例

　平成19年度より毎年行われている全国学力・学習状況調査では，知識及び技能等を実生活の様々な場面に活用する力や，様々な課題解決のための構想を立て実践し評価・改善する力などに関わる内容の問題が出題されています。

　全国学力・学習状況調査の解説資料や報告書，授業アイディア例を参考にテストを作成したり，授業を工夫したりすることもできます。

> 　詳しくは，国立教育政策研究所Webページ「全国学力・学習状況調査」をご覧ください。
> （http://www.nier.go.jp/kaihatsu/zenkokugakuryoku.html）

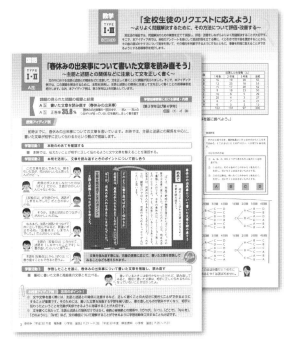

授業アイディア例

評価の方法の共有で働き方改革

　ペーパーテスト等のみにとらわれず，一人一人の学びに着目して評価をすることは，教師の負担が増えることのように感じられるかもしれません。しかし，児童生徒の学習評価は教育活動の根幹であり，「カリキュラム・マネジメント」の中核的な役割を担っています。その際，助けとなるのは，教師間の協働と共有です。

　評価の方法やそのためのツールについての悩みを一人で抱えることなく，学校全体や他校との連携の中で，計画や評価ツールの作成を分担するなど，これまで以上に協働と共有を進めれば，教師一人当たりの量的・時間的・精神的な負担の軽減につながります。風通しのよい評価体制を教師間で作っていくことで，評価方法の工夫改善と働き方改革にもつながります。

「指導と評価の一体化の取組状況」

A:学習評価を通じて，学習評価のあり方を見直すことや個に応じた指導の充実を図るなど，指導と評価の一体化に学校全体で取り組んでいる。

B:指導と評価の一体化の取組は，教師個人に任されている。

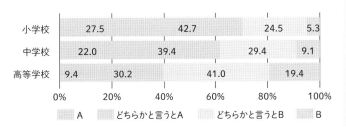

	A	どちらかと言うとA	どちらかと言うとB	B
小学校	27.5	42.7	24.5	5.3
中学校	22.0	39.4	29.4	9.1
高等学校	9.4	30.2	41.0	19.4

（平成29年度文部科学省委託調査「学習指導と学習評価に対する意識調査」より）

Q&A －先生方の質問にお答えします－

Q1 1回の授業で，3つの観点全てを評価しなければならないのですか。

A. 学習評価については，日々の授業の中で児童生徒の学習状況を適宜把握して指導の改善に生かすことに重点を置くことが重要です。したがって観点別学習状況の評価の記録に用いる評価については，毎回の授業ではなく原則として単元や題材などの内容や時間のまとまりごとに，それぞれの実現状況を把握できる段階で行うなど，その場面を精選することが重要です。

Q2 「十分満足できる」状況（A）はどのように判断したらよいのですか。

A. 各教科において「十分満足できる」状況（A）と判断するのは，評価規準に照らし，児童生徒が実現している学習の状況が質的な高まりや深まりをもっていると判断される場合です。「十分満足できる」状況（A）と判断できる児童生徒の姿は多様に想定されるので，学年会や教科部会等で情報を共有することが重要です。

Q3 指導要録の文章記述欄が多く，かなりの時間を要している現状を解決できませんか。

A. 本来，学習評価は日常の指導の場面で，児童生徒本人へフィードバックを行う機会を充実させるとともに，通知表や面談などの機会を通して，保護者との間でも評価に関する情報共有を充実させることが重要です。このため，指導要録における文章記述欄については，例えば，「総合所見及び指導上参考となる諸事項」については，要点を箇条書きとするなど，必要最小限のものとなるようにしました。また，小学校第3学年及び第4学年における外国語活動については，記述欄を簡素化した上で，評価の観点に即して，児童の学習状況に顕著な事項がある場合などにその特徴を記入することとしました。

Q4 評定以外の学習評価についても保護者の理解を得るにはどのようにすればよいのでしょうか。

A. 保護者説明会等において，学習評価に関する説明を行うことが効果的です。各教科等における成果や課題を明らかにする「観点別学習状況の評価」と，教育課程全体を見渡した学習状況を把握することが可能な「評定」について，それぞれの利点や，上級学校への入学者選抜に係る調査書のねらいや活用状況を明らかにすることは，保護者との共通理解の下で児童生徒への指導を行っていくことにつながります。

Q5 障害のある児童生徒の学習評価について，どのようなことに配慮すべきですか。

A. 学習評価に関する基本的な考え方は，障害のある児童生徒の学習評価についても変わるものではありません。このため，障害のある児童生徒については，特別支援学校等の助言または援助を活用しつつ，個々の児童生徒の障害の状態等に応じた指導内容や指導方法の工夫を行い，その評価を適切に行うことが必要です。また，指導要録の通級による指導に関して記載すべき事項が個別の指導計画に記載されている場合には，その写しをもって指導要録への記入に替えることも可能としました。

文部科学省
国立教育政策研究所
National Institute for Educational Policy Research

令和元年6月
文部科学省　国立教育政策研究所教育課程研究センター
〒100-8951 東京都千代田区霞が関3丁目2番2号　TEL 03-6733-6833（代表）

「指導と評価の一体化」のための
学習評価に関する参考資料
【小学校　生活】

令和 2 年 6 月 27 日	初版発行
令和 6 年 4 月 15 日	7 版発行

著作権所有	国立教育政策研究所 教育課程研究センター
発　行　者	東京都千代田区神田錦町 2 丁目 9 番 1 号 コンフォール安田ビル 2 階 株式会社　東洋館出版社 代表者　錦織　圭之介
印　刷　者	大阪市住之江区中加賀屋 4 丁目 2 番 10 号 岩岡印刷株式会社

発　行　所	東京都千代田区神田錦町 2 丁目 9 番 1 号 コンフォール安田ビル 2 階 株式会社　東洋館出版社 電話　03-6778-4343

ISBN978-4-491-04124-7　　　　　定価：本体 800 円
（税込 880 円）税 10%